Guide du JavaScript moderne

Votre guide pas à pas du code moderne

Pedro Middysunn

Table des matières

Rencontre avec JavaScript

1

Préparez-vous à entrer dans le monde dynamique du développement web. Ce chapitre vous présente JavaScript, le langage qui donne vie aux sites web. Nous allons explorer ce qu'il est, retracer ses origines et comprendre pourquoi il est devenu une pierre angulaire de la technologie moderne. Considérez ceci comme votre première poignée de main avec JavaScript – nous couvrirons les bases et nous assurerons que vous disposez des outils simples nécessaires pour commencer à expérimenter immédiatement. À la fin de ce chapitre, vous aurez écrit vos toutes premières lignes de code et serez prêt à plonger plus profondément dans ses concepts fondamentaux.

Qu'est-ce que JavaScript exactement ?

Au fond, JavaScript est un **langage de programmation** principalement utilisé pour créer du contenu interactif et dynamique sur les sites web. Imaginez un site web comme une maison. HTML (HyperText Markup Language) serait la structure – les murs, les planchers et le toit. CSS (Cascading Style Sheets) serait la peinture, le papier peint et les meubles – définissant l'apparence visuelle et la mise en page. JavaScript, alors, c'est l'électricité, la plomberie et l'automatisation – il fait en sorte que les choses *se passent*.

Sans JavaScript, les pages web sont principalement des affichages statiques d'informations, comme une brochure imprimée. Avec JavaScript, vous pouvez :

- Faire apparaître, disparaître ou animer des éléments.

- Valider les entrées utilisateur dans les formulaires avant de les envoyer.
- Récupérer de nouvelles données d'un serveur sans recharger la page.
- Créer des sliders, des carrousels et des cartes interactives.
- Construire des applications web complexes, y compris des jeux.

C'est un langage polyvalent, basé sur du texte, qui s'exécute directement dans votre navigateur web (et ailleurs, comme nous le verrons). Vous n'avez pas besoin de compilateurs spéciaux ou d'une configuration complexe pour démarrer avec JavaScript de base dans un navigateur.

Une brève histoire : De Netscape à aujourd'hui

L'histoire de JavaScript commence au milieu des années 1990, aux débuts du web. Netscape Communications, créateurs du populaire navigateur Netscape Navigator, ont reconnu le besoin d'un langage de script simple pour rendre les pages web plus interactives. HTML était excellent pour la structure, mais il ne pouvait pas *faire* grand-chose.

En 1995, un programmeur nommé **Brendan Eich** fut chargé de créer ce langage. La légende raconte qu'il a développé le premier prototype en seulement 10 jours ! Initialement, il s'appelait Mocha, puis LiveScript, et finalement, dans une démarche marketing pour l'aligner avec le langage populaire Java (bien qu'ils soient des langages **très différents**), il est devenu JavaScript.

Microsoft a rapidement sorti sa propre version, JScript, pour Internet Explorer. Cela a entraîné des problèmes de compatibilité – le code écrit pour un navigateur pouvait ne pas fonctionner dans l'autre. Pour résoudre ce problème, JavaScript a été soumis à ECMA International, une organisation qui crée des standards. En 1997, ils ont publié le premier standard officiel pour le langage, appelé **ECMAScript** (souvent abrégé en ES).

Depuis lors, ECMAScript a évolué à travers de nombreuses versions (ES3, ES5, ES6/ES2015, ES2016, et ainsi de suite), ajoutant de nouvelles fonctionnalités et capacités. Le JavaScript moderne, sur lequel ce livre se concentre, intègre ces ajouts puissants qui facilitent grandement l'écriture d'applications complexes. Bien que "JavaScript" soit le nom courant, "ECMAScript" fait référence à la spécification officielle. Pensez à ECMAScript comme au règlement et à JavaScript comme à l'implémentation la plus populaire de ces règles.

Pourquoi apprendre JavaScript aujourd'hui ?

Apprendre JavaScript est l'un des investissements les plus précieux que vous puissiez faire si vous êtes intéressé par la technologie. Pourquoi ?

1. **Ubiquité** : Il fonctionne sur pratiquement tous les navigateurs web sur ordinateurs de bureau, tablettes et smartphones. Vous n'avez pas besoin que les utilisateurs installent quoi que ce soit de plus.
2. **Polyvalence** : Initialement confiné aux navigateurs, JavaScript a explosé ! Avec des environnements comme Node.js (que nous aborderons plus tard), vous pouvez utiliser JavaScript pour créer des applications côté serveur, des applications mobiles, des logiciels de bureau, et même contrôler du matériel.
3. **Immense communauté** : JavaScript possède l'une des communautés de développeurs les plus grandes et les plus actives au monde. Cela signifie des ressources abondantes, des tutoriels, des bibliothèques, des frameworks, et une aide facilement disponible lorsque vous êtes bloqué.
4. **Opportunités de carrière** : Les développeurs JavaScript sont extrêmement demandés dans diverses industries. Que ce soit pour le développement frontend (interfaces utilisateur), le développement back-end (logique serveur), ou full-stack (les deux), les compétences en JavaScript ouvrent d'innombrables portes.
5. **C'est engageant** : Faire en sorte que des choses se produisent visuellement sur une page web fournit un retour immédiat, ce qui peut être incroyablement gratifiant et motivant pour les apprenants.

JavaScript partout : Navigateurs et au-delà

Comme mentionné, la portée de JavaScript s'étend bien au-delà du changement de couleur des boutons dans un navigateur.

- **Développement Web Front-End** : C'est son foyer traditionnel. Les bibliothèques et frameworks comme React, Angular, Vue et Svelte sont construits avec JavaScript et alimentent bon nombre des applications web complexes que vous utilisez quotidiennement.
- **Développement Web Back-End** : **Node.js** permet aux développeurs d'exécuter JavaScript sur des serveurs. Cela signifie que vous pouvez utiliser le même langage pour la logique côté client (navigateur) et côté serveur d'une application web, simplifiant le processus de développement.

- **Développement d'Applications Mobiles :** Des frameworks comme React Native, NativeScript et Ionic vous permettent de construire des applications mobiles natives pour iOS et Android en utilisant JavaScript.
- **Applications de Bureau :** Des outils tels qu'Electron (qui alimente des applications comme VS Code, Slack et Discord) permettent la création d'applications de bureau multiplateformes en utilisant JavaScript, HTML et CSS.
- **Développement de Jeux :** De nombreuses bibliothèques et moteurs (comme Phaser ou Babylon.js) facilitent le développement de jeux pour le web et d'autres plateformes en utilisant JavaScript.
- **Internet des Objets (IoT) :** JavaScript peut même être utilisé pour programmer des microcontrôleurs et interagir avec des dispositifs matériels.

Bien que ce livre se concentre principalement sur les fondamentaux et les applications basées sur le navigateur, comprendre ce contexte plus large montre l'immense puissance et le potentiel du langage que vous êtes sur le point d'apprendre.

Mettre en place votre terrain de jeu

Ce qui est fantastique quand on débute avec JavaScript, c'est que vous avez probablement déjà les outils nécessaires ! Vous n'avez pas besoin d'installer de logiciel complexe tout de suite.

Utiliser la Console de Développement de votre Navigateur

Chaque navigateur web moderne inclut un ensemble d'outils intégrés pour les développeurs web, souvent appelés "Outils de développement" ou "DevTools". L'une des parties les plus importantes est la **Console**. La console vous permet de taper et d'exécuter des commandes JavaScript directement, de voir les messages enregistrés par les scripts et d'inspecter les erreurs.

Comment ouvrir la Console :

- **Google Chrome :** Appuyez sur F12, ou faites un clic droit sur une page web, sélectionnez "Inspecter", puis cliquez sur l'onglet "Console". (Sur macOS : Option + Commande + J)
- **Mozilla Firefox :** Appuyez sur F12, ou faites un clic droit sur une page web, sélectionnez "Examiner l'élément", puis cliquez sur l'onglet "Console". (Sur macOS : Option + Commande + K)
- **Microsoft Edge :** Appuyez sur F12, ou faites un clic droit sur une page web, sélectionnez "Inspecter", puis cliquez sur l'onglet "Console".

- **Safari** : Vous devrez peut-être d'abord activer le menu Développement (Préférences > Avancées > Afficher le menu Développement dans la barre des menus). Ensuite, appuyez sur `Option` + `Commande` + `C` ou allez dans Développement > Afficher la console JavaScript.

Une fois la console ouverte, vous verrez une invite, généralement marquée d'un symbole >. Essayez de taper cette commande et d'appuyer sur Entrée :

```
console.log("Bonjour depuis la Console !");
```

Vous devriez voir le texte "Bonjour depuis la Console !" imprimé sur la ligne suivante.

```
> console.log("Bonjour depuis la Console !");
Bonjour depuis la Console !
undefined
```

(Ne vous inquiétez pas du `undefined` *qui pourrait apparaître après votre sortie pour l'instant ; c'est la valeur de retour de* `console.log`*, dont nous discuterons plus tard.)*

La console est excellente pour des tests rapides, pour expérimenter de petits extraits de code et pour le débogage.

Choisir un Éditeur de Code

Bien que la console soit idéale pour les commandes simples, vous écrirez des programmes plus importants dans des fichiers séparés. Vous *pourriez* utiliser un éditeur de texte basique comme le Bloc-notes (Windows) ou TextEdit (Mac), mais un **éditeur de code** dédié vous facilitera grandement la vie.

Les éditeurs de code offrent des fonctionnalités spécifiquement conçues pour la programmation, telles que :

- **Coloration Syntaxique** : Rend le code plus facile à lire en colorant différentes parties (mots-clés, variables, chaînes).
- **Auto-complétion** : Suggère du code pendant que vous tapez, économisant du temps et réduisant les fautes de frappe.
- **Mise en évidence des erreurs** : Signale les erreurs de syntaxe potentielles avant même que vous n'exécutiez le code.
- **Gestion de Fichiers** : Aide à organiser les projets comportant plusieurs fichiers.

- **Terminaux Intégrés** : Beaucoup permettent d'exécuter des commandes directement dans l'éditeur.

Éditeurs de code gratuits populaires :

- **Visual Studio Code (VS Code)** : Extrêmement populaire, riche en fonctionnalités et extensible. Un excellent choix pour les débutants comme pour les professionnels.
- **Sublime Text** : Léger, rapide et hautement personnalisable.
- **Atom** : Un autre éditeur open-source développé par GitHub.

Téléchargez et installez l'un d'eux. Nous recommandons **VS Code** pour son excellent support JavaScript prêt à l'emploi. Prenez un peu de temps pour explorer son interface.

Exécuter JavaScript avec Node.js (Un Aperçu Rapide)

Comme nous l'avons vu, JavaScript n'est pas limité au navigateur. **Node.js** est un environnement d'exécution qui vous permet d'exécuter du code JavaScript *en dehors* d'un navigateur web, généralement sur un serveur ou votre machine locale.

Avez-vous besoin de Node.js maintenant ? Non. Pour les premiers chapitres axés sur l'interaction avec le navigateur (manipulation du DOM, événements), vous n'avez besoin que d'un navigateur et d'un éditeur de code.

Cependant, Node.js est essentiel pour le développement côté serveur et est souvent utilisé pour l'outillage (comme l'exécution de processus de build ou l'installation de dépendances de projet) dans les flux de travail front-end modernes. Nous explorerons Node.js plus en détail bien plus tard dans le livre (Chapitre 19), mais il est bon de savoir qu'il existe.

Si vous *êtes* curieux, vous pouvez le télécharger et l'installer depuis le site officiel de Node.js. L'installation inclut généralement **npm** (Node Package Manager), un outil pour gérer les paquets de code réutilisables, qui est également fondamental pour l'écosystème JavaScript moderne. Une fois installé, vous pourriez enregistrer un fichier JavaScript (par ex., bonjour.js) et l'exécuter depuis le terminal de votre ordinateur comme ceci :

```
node bonjour.js
```

Encore une fois, **ceci est optionnel pour l'instant**. Tenez-vous-en à la console du navigateur et à l'éditeur de code pour les chapitres à venir.

Votre Premier Code JavaScript

Allons au-delà de la console et écrivons du code dans un fichier, comme vous le ferez pour construire de vraies applications.

1. **Créez un Dossier de Projet** : Créez un nouveau dossier sur votre ordinateur nommé quelque chose comme `js-bases`.

2. **Créez un Fichier HTML** : À l'intérieur de `js-bases`, utilisez votre éditeur de code pour créer un nouveau fichier nommé `index.html`. Collez la structure HTML de base suivante dedans :

```
<!DOCTYPE html>
<html lang="fr">
<head>
    <meta charset="UTF-8">
    <meta name="viewport" content="width=device-width, initial-
scale=1.0">
    <title>Ma Première Page JavaScript</title>
</head>
<body>
    <h1>Apprentissage de JavaScript !</h1>

    <!-- La magie opère ici -->
    <script src="appli.js"></script>
</body>
</html>
```

- `<!DOCTYPE html>` : Déclare le type de document.
- `<html>` : L'élément racine.
- `<head>` : Contient les méta-informations (jeu de caractères, paramètres d'affichage, titre). Le navigateur lit ceci, mais ce n'est pas directement affiché.
- `<body>` : Contient le contenu visible de la page (titres, paragraphes, images et notre script !).
- `<script src="appli.js"></script>` : C'est la balise cruciale. Elle indique au navigateur de récupérer et d'exécuter le code JavaScript trouvé dans le fichier nommé `appli.js`. Nous la plaçons juste avant la balise fermante `</body>`. C'est une pratique courante car elle garantit que les éléments HTML (comme le `<h1>`) existent *avant* que le script ne tente d'interagir avec eux.

3. **Créez un Fichier JavaScript** : Dans le *même* dossier js-bases, créez un autre fichier nommé appli.js. C'est ici que votre code JavaScript résidera.

4. **Écrivez du JavaScript** : Ajoutez la ligne suivante dans appli.js :

```
console.log("Bonjour depuis le fichier appli.js !");

// Vous pourrez ajouter d'autres commandes ici plus tard
```

   - console.log() est une fonction intégrée utilisée pour afficher des messages dans la console de développement du navigateur. Elle est incroyablement utile pour vérifier des valeurs et comprendre ce que fait votre code.

5. **Ouvrez le Fichier HTML** : Trouvez le fichier index.html dans l'explorateur de fichiers de votre ordinateur et double-cliquez dessus. Il devrait s'ouvrir dans votre navigateur web par défaut.

6. **Vérifiez la Console** : Vous verrez le titre "Apprentissage de JavaScript !" sur la page. Maintenant, ouvrez la console de développement du navigateur (en utilisant F12 ou les méthodes décrites précédemment). Vous devriez voir le message :

```
Bonjour depuis le fichier appli.js !
```

Vous avez réussi à lier et exécuter votre premier fichier JavaScript externe. Vous avez fait votre premier vrai pas dans la programmation avec JavaScript.

Résumé du Chapitre

Ce chapitre vous a donné une vue d'ensemble de JavaScript : ce qu'il est, son histoire, pourquoi il est pertinent, et les outils de base dont vous avez besoin. Nous avons exploré la console du navigateur pour des tests rapides et mis en place une structure minimale de fichiers HTML et JavaScript, en écrivant et en exécutant notre toute première commande. Vous avez vu que JavaScript est le moteur qui anime l'interactivité sur le web et au-delà.

Maintenant que vous êtes familiarisé avec JavaScript et que votre environnement est configuré, nous sommes prêts à examiner les composants essentiels du langage lui-même. Dans le prochain chapitre, nous explorerons les blocs de construction fondamentaux : comment JavaScript représente différents types d'informations (valeurs et types de données), comment nous stockons ces informations en utilisant des étiquettes (variables), et comment laisser des notes explicatives dans notre code (commentaires).

2

Les Blocs de Construction

Dans le chapitre précédent, nous nous sommes familiarisés avec JavaScript, avons compris son objectif et mis en place notre environnement de codage. Il est mainten-ant temps de retrousser nos manches et de commencer à apprendre la grammaire et le vocabulaire fondamentaux du langage. Tout comme l'apprentissage d'une langue parlée nécessite de comprendre les noms, les verbes et la structure des phrases, l'apprentissage de JavaScript implique de saisir ses composants essentiels : comment il représente l'information, comment nous étiquetons et stockons cette information, et comment nous pouvons laisser des notes dans notre code. Ce chapitre pose les bases de tout ce qui suit, en vous présentant les instructions, les commentaires, les variables et les types de données de base qui forment le fondement de chaque programme JavaScript.

Instructions JavaScript

Pensez à un programme JavaScript comme à une série d'instructions données à l'ordinateur, un peu comme une recette fournit les étapes pour faire un gâteau. Chaque instruction ou étape individuelle en JavaScript est appelée une **instruction** (statement). Les instructions indiquent à l'ordinateur d'effectuer une action spécifique.

Considérez le code que nous avons écrit dans le dernier chapitre :

```
console.log("Bonjour depuis le fichier appli.js !");
```

Cette ligne entière est une seule instruction JavaScript. Son action est d'enregistrer un message dans la console. La plupart des instructions en JavaScript se terminent par un point-virgule (;). Bien que JavaScript ait des règles pour insérer automatiquement des points-virgules dans certains cas (une fonctionnalité appelée Insertion Automatique de Point-Virgule ou ASI), il est généralement considéré comme une bonne pratique, en particulier pour les débutants, de **terminer explicitement chaque instruction par un point-virgule**. Cela rend votre code plus clair et prévient les ambiguïtés potentielles.

Vous pouvez avoir plusieurs instructions, généralement écrites sur des lignes séparées pour la lisibilité :

```
console.log("Première instruction.");
console.log("Deuxième instruction.");
// *Ce code enregistre deux messages distincts dans la console.*
```

Se Parler à Soi-même

Au fur et à mesure que vos programmes deviendront plus complexes, vous trouverez utile de laisser des notes dans votre code. Ces notes, appelées **commentaires**, sont ignorées par le moteur JavaScript ; elles existent uniquement pour les lecteurs humains (y compris votre futur vous !). Les commentaires aident à expliquer *pourquoi* vous avez écrit un morceau de code d'une certaine manière, à clarifier une logique complexe, ou à désactiver temporairement des lignes de code sans les supprimer.

JavaScript offre deux manières principales d'écrire des commentaires :

Commentaires sur une seule ligne

Un commentaire sur une seule ligne commence par deux barres obliques (//) et continue jusqu'à la fin de cette ligne. Tout ce qui suit le // sur cette ligne est ignoré.

```
// *Toute cette ligne est un commentaire.*

console.log("Bonjour !"); // *Ce commentaire explique le code.*

// console.log("Cette ligne est commentée, elle ne s'exécutera pas.");
```

Commentaires multi-lignes

Pour des explications plus longues ou pour commenter plusieurs lignes à la fois, vous pouvez utiliser des commentaires multi-lignes. Ils commencent par /* et se terminent par */. Tout ce qui se trouve entre ces marqueurs est traité comme un commentaire.

```
/*
    Ceci est un commentaire multi-lignes.
    Il peut s'étendre sur plusieurs lignes et est utile
    pour des explications plus détaillées ou pour désactiver
    temporairement un bloc de code plus important.
*/

console.log("Ce code s'exécutera.");

/*
console.log("Cette ligne ne s'exécutera pas.");
console.log("Celle-ci non plus.");
*/

console.log("Ce code s'exécutera aussi.");
```

Utilisez les commentaires judicieusement. Ne commentez pas excessivement du code évident, mais expliquez le raisonnement derrière les parties complexes ou potentiellement déroutantes. De bons commentaires rendent votre code beaucoup plus facile à comprendre et à maintenir.

Stocker des Informations

Imaginez que vous organisez votre garde-manger. Vous n'empilez pas tout au hasard ; vous mettez les articles dans des contenants (bocaux, boîtes, sacs) et peut-être même étiquetez ces contenants ("Farine", "Sucre", "Grains de café"). Les variables en JavaScript servent un objectif similaire : ce sont des **contenants nommés pour stocker des valeurs de données**. Au lieu d'écrire la même valeur à plusieurs reprises, vous pouvez la stocker dans une variable et vous y référer par son nom.

Pourquoi utiliser des variables ?

- **Réutilisabilité** : Stockez une valeur une fois et utilisez-la plusieurs fois.
- **Lisibilité** : Donnez des noms descriptifs aux données (par ex., nomUtilisateur au lieu de juste "Alice").

- **Maintenabilité** : Si une valeur doit changer, vous n'avez besoin de la mettre à jour qu'à un seul endroit (là où la variable est définie).

Déclarer des Variables

Avant de pouvoir utiliser une variable, vous devez la *déclarer*, créant essentiellement le contenant étiqueté. JavaScript fournit trois mots-clés pour déclarer des variables : let, const, et var.

1. let : Introduit dans le JavaScript moderne (ES6), let vous permet de déclarer des variables dont les valeurs **peuvent être réassignées** plus tard. Les variables déclarées avec let ont également une **portée de bloc** (block-scoped), ce qui signifie qu'elles ne sont généralement accessibles qu'à l'intérieur du bloc de code (comme à l'intérieur d'une instruction if ou d'une boucle, dénoté par des accolades {}) où elles sont définies. Nous explorerons la portée en détail au Chapitre 9.

```
let message; // *Déclare une variable nommée 'message'*
message = "Bonjour, apprenants JavaScript !"; // *Assigne une valeur*
console.log(message); // *Sortie : Bonjour, apprenants JavaScript !*

message = "Il est temps d'apprendre les variables !"; // *Réassigne une
nouvelle valeur*
console.log(message); // *Sortie : Il est temps d'apprendre les
variables !*

let compteurUtilisateur = 10; // *Déclare et assigne en une étape*
compteurUtilisateur = compteurUtilisateur + 1; // *Augmente le compteur*
console.log(compteurUtilisateur); // *Sortie : 11*
```

2. const : Également introduit en ES6, const est utilisé pour déclarer des variables dont les valeurs **ne peuvent pas être réassignées** après avoir été initialement définies. Celles-ci sont souvent appelées "constantes". Comme let, les variables const ont une **portée de bloc**. Vous **devez** assigner une valeur lorsque vous déclarez une variable const.

```
const anneeNaissance = 1995; // *Déclare et assigne une constante*
console.log(anneeNaissance); // *Sortie : 1995*

// *La ligne suivante provoquerait une erreur :*
// anneeNaissance = 1996; // *TypeError: Assignment to constant
variable.*
```

```
// *Vous devez initialiser une const :*
// const cleApi; // *SyntaxError: Missing initializer in const
declaration.*
```

Note Importante : const ne rend pas la *valeur elle-même* immuable, surtout pour les objets et les tableaux (que nous verrons aux Chapitres 6 et 7). Il empêche simplement la variable d'être réassignée pour pointer vers une *autre* valeur.

3. var : C'était la manière originale de déclarer des variables en JavaScript avant ES6. Les variables déclarées avec var ont une **portée de fonction** ou une **portée globale** (encore une fois, plus sur la portée au Chapitre 9) et **peuvent être réassignées**. Cependant, var présente quelques particularités liées au hissage (hoisting, couvert au Chapitre 9) et à la portée qui peuvent entraîner confusion et bugs.

```
var score = 100;
score = 150; // *La réassignation est autorisée*
console.log(score); // *Sortie : 150*
```

Recommandation : En JavaScript moderne, vous devriez généralement **préférer** const **par défaut**. Utilisez const chaque fois que vous savez qu'une affectation de variable n'aura pas besoin de changer. Si vous *savez* que vous devrez réassigner la variable plus tard, utilisez let. **Évitez d'utiliser** var dans du nouveau code, sauf si vous avez une raison spécifique liée à des environnements plus anciens ou à des bases de code héritées. Utiliser let et const conduit à un code plus clair et plus prévisible.

Conventions de Nommage

Choisir de bons noms pour vos variables rend votre code beaucoup plus facile à lire et à comprendre. Suivez ces conventions et règles :

- **Commence par** : Une lettre (a-z, A-Z), un trait de soulignement (_), ou un signe dollar ($). Ne peut pas commencer par un chiffre.
- **Peut contenir** : Des lettres, des chiffres, des traits de soulignement, ou des signes dollar.
- **Sensible à la casse** : maVariable est différent de mavariable et MaVariable.
- **Mots réservés** : Vous ne pouvez pas utiliser les mots-clés réservés de JavaScript (comme let, const, var, function, if, for, etc.) comme noms de variables.

- **Convention (camelCase) :** Pour les noms de variables composés de plusieurs mots, la convention standard en JavaScript est **camelCase**. Commencez par une lettre minuscule et mettez en majuscule la première lettre de chaque mot suivant (par ex., nomUtilisateur, montantTotal, estUtilisateurConnecte).
- **Soyez descriptif :** Choisissez des noms qui indiquent clairement le but de la variable (par ex., prenom au lieu de pn, articlesPanier au lieu de ap).

```
// *Bons noms de variables :*
let prenom = "Alice";
const articlesPanier = 3;
let estTraitementTermine = false;
let $element = /* ... */; // *Souvent utilisé pour les éléments DOM*
let _valeurInterne = /* ... */; // *Souvent utilisé pour les données "privées"*

// *Mauvais noms de variables (à éviter) :*
// let 1erePlace = "Or";    // *Ne peut pas commencer par un chiffre*
// let nom utilisateur = "Bob";    // *Ne peut pas contenir d'espaces*
// let let = "oups";          // *Ne peut pas utiliser de mots réservés*
// let x = 100;              // *Pas descriptif*
```

Types de Données Primitifs

Les variables peuvent contenir différents types de données. En JavaScript, les types de données les plus élémentaires sont appelés **types de données primitifs** (ou primitives). Pensez-y comme aux atomes fondamentaux de l'information. JavaScript a plusieurs types primitifs :

Chaînes de Caractères (Strings)

Les chaînes représentent des données textuelles. Vous créez des chaînes en encadrant le texte soit avec des guillemets simples ('...'), soit des guillemets doubles ("..."), soit des accents graves (backticks) (`...`).

```
let salutation = "Bonjour, le monde !";
let message = 'JavaScript est amusant.';
let reponse = `Oui, ça l'est !`; // *Les accents graves permettent aussi les
chaînes multi-lignes*

console.log(salutation); // *Sortie : Bonjour, le monde !*
console.log(message);  // *Sortie : JavaScript est amusant.*
```

Vous pouvez combiner des chaînes en utilisant l'opérateur + (concaténation) :

```
let prenom = "Ada";
let nomFamille = "Lovelace";
let nomComplet = prenom + " " + nomFamille; // *Ajoute un espace entre les deux*
console.log(nomComplet); // *Sortie : Ada Lovelace*
```

Les accents graves permettent également les **gabarits littéraux** (template literals), une fonctionnalité puissante permettant d'intégrer des expressions (comme des valeurs de variables) directement dans la chaîne. Nous les couvrirons plus en détail au Chapitre 18.

```
let ville = "Londres";
let info = `J'habite à ${ville}.`; // *Variable intégrée en utilisant ${}*
console.log(info); // *Sortie : J'habite à Londres.*
```

Nombres (Numbers)

Le type nombre représente les données numériques, y compris les entiers et les nombres à virgule flottante (décimaux).

```
let age = 30;
let prix = 19.99;
let temperature = -5;
let quantite = 10;
let coutTotal = prix * quantite; // *Calcul de base*

console.log(age);       // *Sortie : 30*
console.log(prix);      // *Sortie : 19.99*
console.log(coutTotal); // *Sortie : 199.9*
```

Les nombres JavaScript peuvent également représenter quelques valeurs spéciales :

- `Infinity` et `-Infinity` : Représentent l'infini mathématique.
- `NaN` : Signifie "Not a Number" (Pas un Nombre). Il résulte généralement d'opérations mathématiques invalides, comme diviser par zéro ou essayer de calculer avec une chaîne non numérique.

```
console.log(1 / 0);        // *Sortie : Infinity*
console.log("bonjour" * 3);  // *Sortie : NaN*
```

Nous explorerons davantage les opérations mathématiques au Chapitre 3.

Booléens (Booleans)

Les booléens représentent des valeurs logiques et ne peuvent être que l'une de ces deux choses : true ou false. Ils sont essentiels pour prendre des décisions dans votre code, comme nous le verrons au Chapitre 4 (Instructions Conditionnelles).

```
let estConnecte = true;
let aPermission = false;
let estTermine = 10 > 5; // *La comparaison résulte en un booléen*

console.log(estConnecte); // *Sortie : true*
console.log(aPermission); // *Sortie : false*
console.log(estTermine); // *Sortie : true*
```

Null et Undefined

Ces deux types semblent similaires mais représentent différents types de "vide" ou d'"absence".

- undefined : Signifie généralement qu'une variable a été déclarée mais n'a **pas encore reçu de valeur**. C'est la valeur par défaut pour les variables non initialisées, les paramètres de fonction que vous ne fournissez pas, ou les propriétés d'objet qui n'existent pas.

  ```
  let emailUtilisateur;
  console.log(emailUtilisateur); // *Sortie : undefined*
  ```

- null : Représente l'**absence intentionnelle de toute valeur d'objet**. C'est une valeur que vous, le programmeur, assignez explicitement pour indiquer qu'une variable ne *devrait* avoir aucune valeur pour le moment.

  ```
  let produitSelectionne = null; // *Explicitement défini comme 'aucun
  produit sélectionné'*
  console.log(produitSelectionne); // *Sortie : null*
  ```

Pensez à undefined comme "n'a pas encore défini de valeur" et null comme "activement défini comme n'ayant aucune valeur".

Symboles et BigInts (Une Brève Mention)

Le JavaScript moderne a introduit deux autres types primitifs :

- **Symbol** : Utilisé pour créer des identifiants uniques, souvent pour les propriétés d'objet, afin d'éviter les collisions de noms.
- **BigInt** : Utilisé pour représenter des entiers plus grands que la valeur entière sûre maximale que le type `number` standard peut gérer de manière fiable.

Ce sont des types plus avancés, et vous n'en aurez probablement pas besoin lorsque vous débutez. Nous nous concentrerons sur les Chaînes, Nombres, Booléens, Null et Undefined pour l'instant.

Vérifier les Types avec `typeof`

Parfois, vous avez besoin de savoir quel type de données contient une variable. JavaScript fournit l'opérateur `typeof` à cet effet. Il retourne une chaîne indiquant le type de l'opérande (la valeur ou la variable que vous lui donnez).

```
let nom = "Gandalf";
let niveau = 99;
let estSorcier = true;
let inventaire = null;
let quete; // *undefined*

console.log(typeof nom);        // *Sortie : "string"*
console.log(typeof niveau);     // *Sortie : "number"*
console.log(typeof estSorcier); // *Sortie : "boolean"*
console.log(typeof quete);      // *Sortie : "undefined"*

// *Une bizarrerie connue de JavaScript :*
console.log(typeof inventaire); // *Sortie : "object" (et non "null")*

console.log(typeof NaN);        // *Sortie : "number"*
console.log(typeof Symbol('id')); // *Sortie : "symbol"*
console.log(typeof 100n);       // *Sortie : "bigint"*
```

Notez le résultat étrange pour `typeof null`. Pour des raisons historiques, `typeof null` renvoie `"object"`. C'est un bug de longue date qui ne peut pas être facilement corrigé sans casser le code web existant, vous devez donc simplement vous souvenir de cette exception.

Une Note sur la Coercition de Type

JavaScript est connu comme un langage à **typage dynamique**. Cela signifie que vous n'avez pas à déclarer explicitement le *type* d'une variable lorsque vous la créez (comme vous pourriez le faire dans certains autres langages). JavaScript détermine le type automatiquement en fonction de la valeur que vous assignez.

De plus, JavaScript essaie parfois d'être "serviable" en convertissant automatiquement les valeurs d'un type à un autre dans certaines situations. C'est ce qu'on appelle la **coercition de type** ou la conversion de type.

Par exemple :

```
let resultat = "La réponse est : " + 42;
console.log(resultat); // *Sortie : "La réponse est : 42"*
// *JavaScript a contraint le nombre 42 en la chaîne "42" pour effectuer la
concaténation.*

let calcul = "5" * 3;
console.log(calcul); // *Sortie : 15*
// *Ici, JavaScript a contraint la chaîne "5" en le nombre 5 pour la
multiplication.*

let piege = "5" + 3;
console.log(piege); // *Sortie : "53"*
// *Mais avec +, si un opérande est une chaîne, il préfère la concaténation !*
```

Bien que parfois pratique, la coercition de type implicite peut également entraîner des résultats inattendus et des bugs subtils si vous n'êtes pas prudent. Nous explorerons la coercition de type et comment effectuer des conversions de type explicites plus en détail plus loin dans le livre. Pour l'instant, soyez juste conscient que cela se produit.

Résumé du Chapitre

Dans ce chapitre, nous avons décomposé les blocs de construction essentiels de JavaScript. Nous avons appris que les programmes sont des séquences d'**instructions**, se terminant souvent par des points-virgules. Nous avons vu comment utiliser les **commentaires** (`//` et `/* */`) pour ajouter des explications à notre code. Le concept fondamental des **variables** (`let`, `const`, `var`) comme contenants nommés pour les données a été introduit, ainsi que les meilleures pratiques pour les nommer (camelCase) et la recommandation de privilégier `const` et `let` par rapport à `var`. Nous avons ensuite exploré les **types de données primitifs** fondamentaux : `string`, `number`, `boolean`, `null` et `undefined`. Enfin, nous avons appris à vérifier le type d'une valeur à l'aide de l'opérateur `typeof` et eu un premier aperçu de la coercition de type automatique de JavaScript.

Vous comprenez maintenant comment déclarer des éléments d'information et leur donner des étiquettes. Mais stocker simplement des données ne suffit pas ; nous devons *faire* des choses avec ! Dans le prochain chapitre, nous plongerons dans les **opérateurs** – les symboles qui nous permettent d'effectuer des calculs, de comparer des valeurs, d'assigner des données et de combiner des conditions logiques, donnant véritablement vie à nos variables et valeurs.

3

Opérateurs

Dans le dernier chapitre, nous avons appris à stocker différents types d'informations en utilisant des variables et des types de données primitifs comme les chaînes, les nombres et les booléens. C'est comme rassembler les ingrédients pour une recette. Mais les ingrédients seuls ne font pas un repas ; vous avez besoin d'actions – mélanger, chauffer, hacher. De même, en JavaScript, avoir simplement des données ne suffit pas. Nous avons besoin de moyens pour travailler avec ces données, effectuer des calculs, faire des comparaisons et combiner des conditions. C'est là que les **opérateurs** entrent en jeu. Pensez aux opérateurs comme aux symboles d'action en JavaScript ; ils prennent nos variables et nos valeurs (appelées opérandes) et effectuent des opérations spécifiques sur elles, produisant un résultat. Ce chapitre présente les opérateurs essentiels que vous utiliserez constamment pour donner vie à votre code.

Opérateurs Arithmétiques

Commençons par le groupe le plus familier : les opérateurs arithmétiques. Ils effectuent des calculs mathématiques standards sur des valeurs numériques.

Opérateur	Nom	Description	Exemple	Résultat
+	Addition	Additionne deux nombres	5 + 3	8
-	Soustraction	Soustrait le second nombre du premier	10 - 4	6
*	Multiplication	Multiplie deux nombres	6 * 7	42

Opérateur	Nom	Description	Exemple	Résultat
/	Division	Divise le premier nombre par le second	20 / 5	4
%	Reste (Modulo)	Retourne le reste d'une division	10 % 3	1
**	Exponentiation	Élève le premier nombre à la puissance du second	2 ** 4	16
++	Incrémentation	Augmente une variable numérique de 1	let a = 5; a++;	a devient 6
--	Décrémentation	Diminue une variable numérique de 1	let b = 9; b--;	b devient 8

```javascript
let pommes = 12;
let oranges = 8;

let totalFruits = pommes + oranges; // *Addition*
console.log(totalFruits); // *Sortie : 20*

let difference = pommes - oranges; // *Soustraction*
console.log(difference); // *Sortie : 4*

let coutParPomme = 0.5;
let coutTotal = pommes * coutParPomme; // *Multiplication*
console.log(coutTotal); // *Sortie : 6*

let pommesParPersonne = pommes / 4; // *Division*
console.log(pommesParPersonne); // *Sortie : 3*

let articles = 10;
let tailleGroupe = 3;
let articlesRestants = articles % tailleGroupe; // *Reste (10 divisé par 3 donne
3, reste 1)*
console.log(articlesRestants); // *Sortie : 1*

let puissanceDeDeux = 2 ** 5; // *Exponentiation (2*2*2*2*2)*
console.log(puissanceDeDeux); // *Sortie : 32*

// *Incrémentation et Décrémentation*
let score = 100;
score++; // *Incrémentation : score devient 101*
console.log(score); // *Sortie : 101*

let vies = 3;
vies--; // *Décrémentation : vies devient 2*
console.log(vies); // *Sortie : 2*
```

Une Note sur l'Incrémentation/Décrémentation : ++ et -- peuvent être placés *avant* (préfixe : ++score) ou *après* (postfixe : score++) la variable. Bien que les deux incrémentent/décrémentent la variable, ils diffèrent dans la valeur qu'ils *retournent* dans l'expression où ils sont utilisés. Postfixe retourne la valeur originale *avant* de la changer, tandis que préfixe retourne la *nouvelle* valeur. Pour simplifier maintenant, les utiliser sur leur propre ligne (comme score++;) évite cette complexité.

Priorité des Opérateurs : Tout comme en mathématiques classiques, les opérateurs JavaScript ont un ordre de priorité. La multiplication (*), la division (/), et le reste (%) sont effectués avant l'addition (+) et la soustraction (-). L'exponentiation (**) a souvent lieu encore plus tôt.

```
let resultat = 3 + 4 * 5; // *La multiplication a lieu en premier (4 * 5 = 20)*
console.log(resultat);    // *Sortie : 23 (et non 35)*
```

Si vous voulez outrepasser la priorité par défaut, utilisez des parenthèses (). Les opérations à l'intérieur des parenthèses sont toujours évaluées en premier.

```
let resultatAvecParentheses = (3 + 4) * 5; // *L'addition a lieu en premier (3 +
4 = 7)*
console.log(resultatAvecParentheses);      // *Sortie : 35*
```

Opérateurs d'Assignation

Nous avons déjà utilisé l'opérateur d'assignation le plus basique : le simple signe égal (=). Il assigne la valeur à sa droite à la variable à sa gauche.

```
let niveauActuel = 1; // *Assigne 1 à niveauActuel*
let nomJoueur = "Link"; // *Assigne "Link" à nomJoueur*
```

JavaScript fournit également des **opérateurs d'assignation composés** qui combinent une opération arithmétique avec une assignation pour un code plus concis.

Opérateur	Exemple	Équivalent À
+=	x += y	x = x + y
-=	x -= y	x = x - y
*=	x *= y	x = x * y
/=	x /= y	x = x / y

%=	x %= y	x = x % y
**=	x **= y	x = x ** y

```
let scoreActuel = 50;
let pointsGagnes = 25;

scoreActuel += pointsGagnes; // *Équivalent à : scoreActuel = scoreActuel +
pointsGagnes;*
console.log(scoreActuel); // *Sortie : 75*

let carburant = 100;
let carburantUtilise = 15;

carburant -= carburantUtilise; // *Équivalent à : carburant = carburant -
carburantUtilise;*
console.log(carburant); // *Sortie : 85*

let quantite = 5;
quantite *= 2; // *Équivalent à : quantite = quantite * 2;*
console.log(quantite); // *Sortie : 10*
```

Ces opérateurs raccourcis rendent les opérations courantes comme la mise à jour de compteurs ou de totaux plus propres et plus faciles à lire.

Opérateurs de Comparaison

Souvent, nous avons besoin de comparer des valeurs pour prendre des décisions dans notre code. Les opérateurs de comparaison évaluent deux opérandes et retournent une valeur booléenne : true ou false.

Opérateur	Nom	Description	Exemple (x=5)	Résultat
==	Égal (Large)	Vérifie si les valeurs sont égales (effectue une coercition de type)	x == 8	0
			x == 5	1
			x == "5"	1
===	Strictement Égal	Vérifie si les valeurs ET les types sont égaux (pas de coercition)	x === 5	1
			x === "5"	0
!=	Différent (Large)	Vérifie si les valeurs sont différentes (coercition)	x != 8	1
			x != "5"	0

!==	Strictement Différent	Vérifie si les valeurs OU les types sont différents	x !== 5	0
			x !== "5"	1
			x !== 8	1
>	Supérieur À		x > 8	0
<	Inférieur À		x < 8	1
>=	Supérieur ou Égal À		x >= 8	0
			x >= 5	1
<=	Inférieur ou Égal À		x <= 8	1

```
let ageUtilisateur = 25;
let ageVote = 18;

console.log(ageUtilisateur > ageVote); // *Sortie : true*
console.log(ageUtilisateur === ageVote); // *Sortie : false*
console.log(ageUtilisateur !== ageVote); // *Sortie : true*

let prixArticle = 50;
let budget = 50;
console.log(prixArticle <= budget); // *Sortie : true*
```

Égalité Large (==) vs. Égalité Stricte (===)

C'est une distinction cruciale en JavaScript !

- **Égalité Large (==)** : Tente de comparer les valeurs *après* avoir essayé de les convertir à un type commun (coercition de type). Cela peut conduire à des résultats inattendus.
- **Égalité Stricte (===)** : Compare à la fois la valeur *et* le type de données. Elle n'effectue **pas** de coercition de type. Si les types sont différents, elle retourne immédiatement false.

```
console.log(5 == "5");   // *Sortie : true (La chaîne "5" est contrainte en
nombre 5)*
console.log(5 === "5");  // *Sortie : false (Le type Nombre est différent du
type Chaîne)*

console.log(0 == false); // *Sortie : true (false est contraint en 0)*
console.log(0 === false);// *Sortie : false (Le type Nombre est différent du
type Booléen)*
```

```
console.log(null == undefined); // *Sortie : true (Un cas spécial pour l'égalité
large)*
console.log(null === undefined);// *Sortie : false (Types différents)*
```

Meilleure Pratique : Utilisez presque toujours l'égalité stricte (===) et l'inégalité stricte (!==). Cela rend votre code plus prévisible et évite les bugs causés par une coercition de type involontaire. N'utilisez l'égalité large (==) que si vous avez une raison très spécifique d'autoriser la coercition de type dans une comparaison.

Opérateurs Logiques

Les opérateurs logiques travaillent principalement avec des valeurs booléennes (true ou false) et sont utilisés pour combiner plusieurs conditions ou inverser une seule condition. Ils sont fondamentaux pour construire la logique de prise de décision que nous verrons au Chapitre 4.

1. **ET Logique (&&)** : Retourne true seulement si **les deux** opérandes sont true. Sinon, il retourne false.

   ```
   let connecte = true;
   let aDroitsAdmin = false;
   let peutAccederRessource = connecte && aDroitsAdmin;

   console.log(peutAccederRessource); // *Sortie : false (true && false)*

   let estWeekend = true;
   let faitBeau = true;
   let allerAuParc = estWeekend && faitBeau;

   console.log(allerAuParc); // *Sortie : true (true && true)*
   ```

2. **OU Logique (||)** : Retourne true si **au moins un** des opérandes est true. Il ne retourne false que si *les deux* opérandes sont false.

   ```
   let aCoupon = false;
   let estMembre = true;
   let peutAvoirReduction = aCoupon || estMembre;

   console.log(peutAvoirReduction); // *Sortie : true (false || true)*

   let alarmeManquee = false;
   ```

```
let estJourFerie = false;
let faireGrasseMatinee = alarmeManquee || estJourFerie;

console.log(faireGrasseMatinee); // *Sortie : false (false || false)*
```

3. **NON Logique (!)** : Inverse la valeur booléenne de son opérande. Il transforme true en false et false en true.

```
let ilPleut = true;
let nePleutPas = !ilPleut;

console.log(nePleutPas); // *Sortie : false*

let fichiersSauvegardes = false;
let peutFermerFenetre = !fichiersSauvegardes; // *Peut-être vérifiez-
vous cela avant de fermer*

console.log(peutFermerFenetre); // *Sortie : true*
```

Court-Circuit (Short-Circuiting) : Les opérateurs logiques ET (&&) et OU (||) présentent un comportement de "court-circuit".

- Pour &&, si le premier opérande est false, le résultat *doit* être false, donc JavaScript n'évalue même pas le second opérande.
- Pour ||, si le premier opérande est true, le résultat *doit* être true, donc JavaScript n'évalue pas le second opérande. Cela peut être utile pour la performance et pour prévenir des erreurs (par ex., essayer d'accéder à une propriété sur un objet null).

L'Opérateur Ternaire

L'opérateur conditionnel (ou ternaire) est le seul opérateur JavaScript qui prend trois opérandes. Il fournit un moyen concis d'écrire des assignations conditionnelles simples, agissant comme un raccourci pour une instruction if...else de base (que nous couvrirons entièrement au Chapitre 4).

La syntaxe est : condition ? valeurSiVrai : valeurSiFaux

1. Une condition est évaluée.
2. Si la condition est true, l'opérateur se résout en valeurSiVrai.
3. Si la condition est false, l'opérateur se résout en valeurSiFaux.

```
let age = 20;
let boisson = (age >= 21) ? "Bière" : "Jus";
// *La condition (age >= 21) est false, donc il prend la valeur après :*
console.log(boisson); // *Sortie : "Jus"*

let estAuthentifie = true;
let salutation = estAuthentifie ? "Bienvenue !" : "Veuillez vous connecter.";
// *La condition (estAuthentifie) est true, donc il prend la valeur après ?*
console.log(salutation); // *Sortie : "Bienvenue !"*
```

Bien que concis, l'abus d'opérateurs ternaires imbriqués ou complexes peut rendre le code plus difficile à lire qu'un bloc if...else standard. Utilisez-le pour des assignations conditionnelles simples.

Autres Opérateurs Utiles

JavaScript a plusieurs autres opérateurs, dont certains que nous avons rencontrés ou explorerons plus tard :

- typeof : Nous l'avons vu au Chapitre 2. Il retourne une chaîne indiquant le type de données d'un opérande.

  ```
  console.log(typeof 100); // *Sortie : "number"*
  ```

- instanceof : Vérifie si un objet est une instance d'un constructeur ou d'une classe particulière (plus pertinent lorsque nous discuterons des objets et des classes).
- delete : Supprime une propriété d'un objet.
- **Opérateur Virgule (,)** : Permet à plusieurs expressions d'être évaluées en séquence, retournant le résultat de la dernière expression. Moins couramment utilisé directement mais apparaît dans certaines constructions de boucle for (Chapitre 5).
- **Opérateurs Bitwise (&, |, ^, ~, <<, >>, >>>)** : Effectuent des opérations directement sur la représentation binaire des nombres. Ils sont moins courants dans le développement web quotidien mais utilisés dans des scénarios spécifiques de bas niveau ou critiques en termes de performances.

Ne vous inquiétez pas de mémoriser tous ces opérateurs moins courants dès maintenant. Concentrez-vous sur la maîtrise des opérateurs arithmétiques, d'assignation, de comparaison et logiques, car ils forment l'épine dorsale de la plupart de la logique JavaScript.

Résumé du Chapitre

Ce chapitre vous a armé des "mots d'action" de JavaScript : les opérateurs. Nous avons commencé avec les **opérateurs arithmétiques** (+, −, *, /, %, **, ++, −−) pour effectuer des calculs, en gardant à l'esprit la priorité des opérateurs et les parenthèses. Ensuite, nous avons couvert les **opérateurs d'assignation** (=, +=, −=, etc.) pour stocker des valeurs et mettre à jour des variables de manière concise. Une partie cruciale a été de comprendre les **opérateurs de comparaison** (>, <, ===, !==, etc.), en particulier la différence vitale entre l'égalité stricte (===) et large (==), en soulignant la préférence pour la comparaison stricte. Nous avons exploré les **opérateurs logiques** (&&, ||, !) pour combiner ou inverser des conditions booléennes, en notant leur comportement de court-circuit. Enfin, nous avons introduit l'**opérateur ternaire** (? :) comme raccourci pour les assignations conditionnelles simples et avons reconnu d'autres opérateurs comme typeof.

Vous pouvez maintenant non seulement stocker des données, mais aussi les manipuler, les comparer et combiner des résultats logiques. Ces opérateurs, en particulier ceux de comparaison et logiques, sont les outils essentiels nécessaires pour la prochaine étape : contrôler le flux de votre programme en fonction des conditions. Au Chapitre 4, nous nous plongerons dans les **instructions conditionnelles** (if, else if, else, switch), où vous utiliserez abondamment ces opérateurs pour que votre code JavaScript prenne des décisions et réagisse dynamiquement.

4

Prendre des Décisions

La vie est pleine de choix, et la programmation aussi ! Rarement un programme exécute-t-il exactement la même séquence d'instructions à chaque fois. Pensez à votre routine quotidienne : s'il pleut, vous prenez un parapluie ; si c'est un jour de semaine, vous mettez une alarme ; sinon, vous pourriez faire la grasse matinée. Les programmes informatiques doivent constamment prendre des décisions similaires en fonction des données dont ils disposent ou des entrées qu'ils reçoivent. Dans le chapitre précédent, nous avons appris les opérateurs, en particulier les opérateurs de comparaison (===, >, etc.) et logiques (&&, ||, !), qui nous permettent de poser des questions sur nos données et d'obtenir des réponses `true` ou `false`. Maintenant, nous allons apprendre à utiliser ces réponses pour contrôler quelles parties de notre code s'exécutent réellement. Ce chapitre introduit les **instructions conditionnelles**, les structures qui permettent à vos programmes JavaScript de prendre des décisions et de suivre différents chemins en fonction de conditions spécifiques.

L'Instruction `if`

L'instruction conditionnelle la plus fondamentale est l'instruction `if`. Elle vous permet d'exécuter un bloc de code *uniquement si* une condition spécifique s'évalue à `true`.

La structure de base ressemble à ceci :

```
if (condition) {
```

```
  // *Code à exécuter si la condition est vraie*
}
// *Le code ici s'exécute indépendamment de la condition*
```

1. Le mot-clé `if` signale le début de l'instruction.
2. La condition est placée entre parenthèses (). Cette condition est typiquement une expression qui s'évalue à un booléen (`true` ou `false`), utilisant souvent les opérateurs de comparaison et logiques que nous avons appris au Chapitre 3.
3. Si la condition est `true`, le code à l'intérieur des accolades suivantes `{}` (le bloc de code) est exécuté.
4. Si la condition est `false`, le code à l'intérieur des accolades est entièrement ignoré, et le programme continue avec le code *après* le bloc `if`.

Voyons un exemple :

```
let temperature = 30; // *Degrés Celsius*

if (temperature > 25) {
  console.log("Il fait chaud aujourd'hui ! Mettez un short.");
}

console.log("La vérification de la météo est terminée.");

// *Sortie :*
// Il fait chaud aujourd'hui ! Mettez un short.
// La vérification de la météo est terminée.
```

Dans ce cas, `temperature > 25` (30 > 25) est `true`, donc le message à l'intérieur des accolades est imprimé. Voyons maintenant ce qui se passe si la condition est fausse :

```
let temperature = 15; // *Degrés Celsius*

if (temperature > 25) {
  // *Cette condition (15 > 25) est false*
  console.log("Il fait chaud aujourd'hui ! Mettez un short.");
}

console.log("La vérification de la météo est terminée.");

// *Sortie :*
// La vérification de la météo est terminée.
```

Ici, `temperature > 25` est false, donc le `console.log` à l'intérieur du bloc `if` est ignoré.

Ajouter des Alternatives

L'instruction `if` est idéale pour faire quelque chose *seulement* lorsqu'une condition est vraie. Mais que faire si vous voulez faire quelque chose *d'autre* lorsque la condition est fausse ? C'est là que le mot-clé `else` entre en jeu. Vous ajoutez un bloc `else` immédiatement après l'accolade fermante du bloc `if`.

```
if (condition) {
  // *Code à exécuter si la condition est vraie*
} else {
  // *Code à exécuter si la condition est fausse*
}
```

Le bloc `else` fournit un chemin alternatif – son code s'exécute *uniquement* lorsque la condition `if` s'évalue à `false`.

```
let ageUtilisateur = 17;
const ageVote = 18;

if (ageUtilisateur >= ageVote) {
  console.log("Vous avez le droit de voter.");
} else {
  console.log("Vous n'avez pas encore le droit de voter.");
}

// *Sortie :*
// Vous n'avez pas encore le droit de voter.
```

Puisque `ageUtilisateur >= ageVote` (17 >= 18) est `false`, le code à l'intérieur du bloc `else` est exécuté. Un, et *un seul*, des blocs (`if` ou `else`) s'exécutera.

Choix Multiples

Parfois, vous avez plus que deux possibilités. Vous pourriez avoir besoin de vérifier plusieurs conditions en séquence. Pour cela, vous pouvez enchaîner les instructions `if` et `else` en utilisant `else if`.

```
if (condition1) {
```

```
    // *Code si condition1 est vraie*
} else if (condition2) {
    // *Code si condition1 est fausse ET condition2 est vraie*
} else if (condition3) {
    // *Code si conditions 1 et 2 sont fausses ET condition3 est vraie*
} else {
    // *Code si TOUTES les conditions précédentes sont fausses*
}
```

JavaScript évalue les conditions une par une de haut en bas :

1. Il vérifie condition1. Si true, son bloc s'exécute, et le reste de la chaîne (else if, else) est ignoré.
2. Si condition1 est false, il vérifie condition2. Si true, son bloc s'exécute, et le reste est ignoré.
3. Cela continue le long de la chaîne else if.
4. Si *aucune* des conditions if ou else if n'est true, le bloc else final (s'il est présent) s'exécute. Le else final est optionnel.

Modélisons un système de notation simple :

```
let score = 78;
let note;

if (score >= 90) {
    note = "A";
} else if (score >= 80) { // *Vérifié seulement si score < 90*
    note = "B";
} else if (score >= 70) { // *Vérifié seulement si score < 80*
    note = "C";
} else if (score >= 60) { // *Vérifié seulement si score < 70*
    note = "D";
} else {                  // *S'exécute seulement si score < 60*
    note = "F";
}

console.log(`Votre note est : ${note}`);

// *Sortie :*
// Votre note est : C
```

Parce que score est 78 :

- score >= 90 (78 >= 90) est false.
- score >= 80 (78 >= 80) est false.
```
```

- `score >= 70` (78 >= 70) est `true`. Le code `note = "C"` s'exécute, et le reste des blocs `else if` et `else` est ignoré.

Réexamen des Valeurs "Truthy" et "Falsy"

Maintenant, un aspect légèrement délicat mais très important des conditions en JavaScript. La condition `if` ne nécessite pas strictement un booléen (`true` ou `false`). Elle évaluera en fait *n'importe quelle* expression. Si le résultat de l'expression n'est pas déjà un booléen, JavaScript essaie implicitement de le convertir en utilisant un concept appelé "**truthiness**" (véracité).

La plupart des valeurs en JavaScript, lorsqu'elles sont utilisées dans un contexte booléen comme une instruction `if`, sont considérées comme "**truthy**" – elles sont contraintes en `true`. Cependant, quelques valeurs spécifiques sont considérées comme "**falsy**" – elles sont contraintes en `false`.

Les principales valeurs **falsy** à retenir sont :

- `false` (la valeur booléenne elle-même)
- `0` (le nombre zéro)
- `-0` (zéro négatif)
- `0n` (BigInt zéro)
- `""` (une chaîne vide)
- `null`
- `undefined`
- `NaN` (Not a Number)

Toutes les autres valeurs sont truthy, y compris :

- Toute chaîne non vide (`"bonjour"`, `"0"`, `"false"`)
- Tout nombre non nul (`1`, `-10`, `0.5`)
- Les tableaux (`[]`, même vides)
- Les objets (`{}`, même vides)
- Le booléen `true`

Voyons cela en action :

```
let nomUtilisateur = ""; // *Chaîne vide - falsy*
if (nomUtilisateur) {
  console.log(`Bienvenue, ${nomUtilisateur} !`); // *Ne s'exécutera pas*
} else {
  console.log("Veuillez entrer votre nom d'utilisateur."); // *S'exécutera*
```

```
}
// *Sortie : Veuillez entrer votre nom d'utilisateur.*

let articlesPanier = 5; // *Nombre non nul - truthy*
if (articlesPanier) {
  console.log(`Vous avez ${articlesPanier} articles dans votre panier.`); //
*S'exécute*
} else {
  console.log("Votre panier est vide.");
}
// *Sortie : Vous avez 5 articles dans votre panier.*

let elementSelectionne = null; // *null - falsy*
if (elementSelectionne) {
  console.log("Traitement de l'élément..."); // *Ne s'exécutera pas*
} else {
  console.log("Aucun élément sélectionné."); // *S'exécutera*
}
// *Sortie : Aucun élément sélectionné.*
```

Comprendre les valeurs truthy et falsy vous permet d'écrire des vérifications concises, comme vérifier si un utilisateur a entré *n'importe quel* texte pour son nom (if (nomUtilisateur)), ou si une quantité est supérieure à zéro (if (quantite)). Cependant, soyez conscient que se fier à la véracité peut parfois être moins explicite qu'une comparaison directe (par ex., if (articlesPanier > 0) pourrait être plus clair que if (articlesPanier) selon le contexte).

Un Autre Type de Choix

Lorsque vous avez une seule valeur ou expression que vous devez comparer à plusieurs possibilités *spécifiques* et distinctes, utiliser une longue chaîne d'instructions if...else if...else peut devenir répétitif et parfois difficile à lire. L'instruction switch offre une structure alternative pour de tels cas.

La syntaxe de base est :

```
switch (expression) {
  case valeur1:
    // *Code à exécuter si expression === valeur1*
    break; // *Important : arrête l'exécution dans le switch*
  case valeur2:
    // *Code à exécuter si expression === valeur2*
    break;
```

```
case valeur3:
  // *Code à exécuter si expression === valeur3*
  break;
// ... autres cas
default:
  // *Code à exécuter si expression ne correspond à aucun des cas*
  // *Le cas default est optionnel*
}
```

1. Le mot-clé `switch` commence l'instruction, suivi de l'`expression` à évaluer (placée entre parenthèses).

2. La valeur de l'`expression` est ensuite comparée strictement (===) à la valeur suivant chaque mot-clé `case`.

3. Si une correspondance est trouvée (par ex., `expression` === `valeur1`), le bloc de code suivant ce `case` (jusqu'à l'instruction `break`) est exécuté.

4. L'instruction `break` est cruciale. Elle indique à JavaScript de quitter immédiatement l'instruction `switch` après que le code du cas correspondant a été exécuté. **Si vous omettez** `break`, l'exécution "passera à travers" (fall through) jusqu'au bloc `case` *suivant*, indépendamment du fait que sa valeur corresponde, ce qui n'est généralement pas ce que vous voulez !

5. Le cas `default` est optionnel. Son bloc de code s'exécute si l'`expression` ne correspond à *aucune* des valeurs `case` précédentes. Il est similaire au `else` final dans une chaîne `if...else if`.

Examinons un exemple gérant les choix de menu utilisateur :

```
let choixUtilisateur = "edit"; // pour éditer
let messageAction;

switch (choixUtilisateur) {
  case "view": // pour voir
    messageAction = "Affichage du contenu...";
    break;
  case "edit": // pour éditer
    messageAction = "Ouverture de l'éditeur...";
    break; // *Sans cela, il passerait à "delete" !*
  case "delete": // pour supprimer
    messageAction = "Êtes-vous sûr de vouloir supprimer ?";
    break;
  case "share": // pour partager
    messageAction = "Ouverture des options de partage...";
    break;
  default:
```

```
      messageAction = "Choix invalide sélectionné.";
}

console.log(messageAction);

// *Sortie :*
// Ouverture de l'éditeur...
```

Si `choixUtilisateur` était `"delete"`, la sortie serait "Êtes-vous sûr de vouloir supprimer ?". Si `choixUtilisateur` était `"save"`, il ne correspondrait à aucun cas, donc le bloc `default` s'exécuterait, affichant "Choix invalide sélectionné.".

Quand utiliser `switch` **vs** `if/else if` **?**

- Utilisez `switch` lorsque vous vérifiez une seule variable ou expression par rapport à plusieurs **valeurs discrètes et connues** (comme des chaînes ou des nombres spécifiques).
- Utilisez `if` / `else if` lorsque vous traitez des **intervalles** (par ex., `score >= 90`), des conditions booléennes complexes, ou lorsque vous comparez différentes variables dans différentes conditions.

Combiner les Conditions

Rappelez-vous les opérateurs logiques (`&&`, `||`, `!`) du Chapitre 3 ? Vous pouvez les utiliser à l'intérieur des conditions de vos instructions `if`, `else if` pour créer une logique de décision plus complexe.

```
let heure = 14; // *14h*
let estWeekend = false;

// *Vérifier si c'est l'heure du déjeuner un jour de semaine*
if (heure >= 12 && heure < 13 && !estWeekend) {
  console.log("C'est l'heure de la pause déjeuner !");
} else {
  console.log("Continuez à travailler (ou détendez-vous si c'est le week-
end !)");
}
// *Sortie : Continuez à travailler (ou détendez-vous si c'est le week-end !)*

let aPermisValide = true;
let aVoiture = false;
let aVelo = true;
```

```
// *Vérifier si la personne peut se déplacer avec son propre véhicule*
if (aPermisValide && (aVoiture || aVelo)) {
  // *Notez les parenthèses pour la clarté avec OU*
  console.log("Vous pouvez vous déplacer avec votre propre véhicule.");
} else {
  console.log("Vous pourriez avoir besoin des transports en commun ou d'un
covoiturage.");
}
// *Sortie : Vous pouvez vous déplacer avec votre propre véhicule.*
```

En combinant les conditions, vous pouvez modéliser des règles et des scénarios complexes du monde réel dans votre code.

Résumé du Chapitre

Dans ce chapitre, nous avons exploré comment donner à nos programmes JavaScript la capacité de prendre des décisions. Nous avons appris l'instruction fondamentale `if` pour exécuter du code basé sur une condition vraie, l'instruction `else` pour fournir un chemin alternatif lorsque la condition est fausse, et la structure `else if` pour vérifier plusieurs conditions séquentiellement. Nous avons revisité les concepts importants des valeurs **truthy et falsy**, en comprenant comment JavaScript évalue les conditions non booléennes. Nous avons également introduit l'instruction `switch` comme une alternative utile aux chaînes `if...else if` lors de la comparaison d'une seule expression par rapport à plusieurs valeurs spécifiques, en soulignant le rôle critique de l'instruction `break`. Enfin, nous avons vu comment les **opérateurs logiques** (&&, ||, !) peuvent être utilisés dans les conditions pour construire une logique de prise de décision plus complexe.

Vous pouvez maintenant contrôler le flux d'exécution, rendant vos programmes capables de répondre dynamiquement à différentes situations. Cependant, parfois, vous devez effectuer une action de manière répétée. Au lieu d'écrire le même code plusieurs fois, nous avons besoin d'un moyen de boucler. Dans le prochain chapitre, nous nous plongerons dans les **boucles** (for, while, do...while), qui vous permettent d'exécuter des blocs de code plusieurs fois de manière efficace.

5

Répéter des Actions

Dans le chapitre précédent, nous avons appris comment faire prendre des décisions à nos programmes en utilisant des instructions conditionnelles (`if`, `else`, `switch`). Cela permet différents chemins d'exécution. Mais que faire si vous devez effectuer la même tâche, ou une tâche très similaire, plusieurs fois ? Imaginez envoyer un message d'accueil personnalisé à 100 utilisateurs, calculer la somme des nombres de 1 à 50, ou vérifier chaque article d'une liste de courses. Écrire le code pour chaque répétition individuellement serait incroyablement fastidieux, sujet aux erreurs et inefficace. C'est là que les **boucles** viennent à la rescousse ! Les boucles sont des structures de contrôle fondamentales en JavaScript qui vous permettent d'exécuter un bloc de code de manière répétée jusqu'à ce qu'une certaine condition soit remplie. Elles sont la clé pour automatiser les tâches répétitives.

Pourquoi Utiliser des Boucles ?

Les boucles incarnent un principe de programmation fondamental connu sous le nom de **DRY - Don't Repeat Yourself** (Ne Vous Répétez Pas). Au lieu de copier et coller des blocs de code similaires, vous écrivez le code *une fois* à l'intérieur d'une structure de boucle et dites à JavaScript combien de fois, ou sous quelles conditions, il doit être répété.

L'utilisation de boucles offre plusieurs avantages :

- **Concision** : Réduit la quantité de code que vous devez écrire.

- **Lisibilité** : Rend souvent l'intention du code plus claire (par ex., "traiter tous les articles" est plus clair que 100 lignes de code de traitement).
- **Maintenabilité** : Si vous devez changer la tâche répétée, vous n'avez besoin de la modifier qu'à un seul endroit (à l'intérieur du corps de la boucle).
- **Flexibilité** : Les boucles peuvent gérer des situations où le nombre de répétitions n'est pas connu à l'avance.

JavaScript fournit plusieurs types de boucles, chacune adaptée à différents scénarios. Explorons les plus courantes.

La Boucle `for`

La boucle `for` est souvent le choix privilégié lorsque vous savez **combien de fois** vous voulez que la boucle s'exécute. C'est comme dire : "Fais cette tâche exactement 10 fois."

La syntaxe de base semble un peu plus complexe que celle de `if`, mais elle est très structurée :

```
for (initialisation; condition; expression-finale) {
  // Bloc de code à exécuter de manière répétée (corps de la boucle)
}
```

Décomposons les trois parties entre parenthèses, séparées par des points-virgules :

1. `initialisation` : Cette expression est exécutée **une seule fois** avant le début de la boucle. Elle est typiquement utilisée pour déclarer et initialiser une variable compteur (souvent nommée `i` pour "index" ou "itérateur").
2. `condition` : Cette expression est évaluée **avant chaque itération potentielle de la boucle**.
   - Si la condition est `true`, le code à l'intérieur du corps de la boucle (`{...}`) s'exécute.
   - Si la condition devient `false`, la boucle se termine, et le programme continue avec le code *après* la boucle.
3. `expression-finale` : Cette expression est exécutée **à la fin de chaque itération de la boucle**, *après* l'exécution du corps de la boucle. Elle est typiquement utilisée pour mettre à jour la variable compteur (par ex., l'incrémenter).

Voici un exemple classique : compter de 1 à 5 :

```
console.log("Démarrage de la boucle !");
```

```
for (let i = 1; i <= 5; i++) {
  // initialisation : let i = 1; (s'exécute une fois)
  // condition : i <= 5 (vérifiée avant chaque itération)
  // expression-finale : i++ (s'exécute après le corps de chaque itération)

  console.log(`Le compte actuel est : ${i}`);
}

console.log("Boucle terminée !");

// *Sortie :*
// Démarrage de la boucle !
// Le compte actuel est : 1
// Le compte actuel est : 2
// Le compte actuel est : 3
// Le compte actuel est : 4
// Le compte actuel est : 5
// Boucle terminée !
```

Comment ça marche :

1. `let i = 1;` initialise i à 1.
2. `i <= 5` (1 <= 5) est `true`. Le corps de la boucle s'exécute : affiche "Le compte actuel est : 1".
3. `i++` s'exécute. i devient 2.
4. `i <= 5` (2 <= 5) est `true`. Le corps de la boucle s'exécute : affiche "Le compte actuel est : 2".
5. `i++` s'exécute. i devient 3.
6. `i <= 5` (3 <= 5) est `true`. Le corps de la boucle s'exécute : affiche "Le compte actuel est : 3".
7. `i++` s'exécute. i devient 4.
8. `i <= 5` (4 <= 5) est `true`. Le corps de la boucle s'exécute : affiche "Le compte actuel est : 4".
9. `i++` s'exécute. i devient 5.
10. `i <= 5` (5 <= 5) est `true`. Le corps de la boucle s'exécute : affiche "Le compte actuel est : 5".
11. `i++` s'exécute. i devient 6.
12. `i <= 5` (6 <= 5) est `false`. La boucle se termine.
13. "Boucle terminée !" est affiché.

La variable déclarée dans la partie `initialisation` (`let i`) a généralement une portée limitée à la boucle elle-même, ce qui signifie qu'elle n'existe pas en dehors de la boucle (c'est un avantage d'utiliser `let` ou `const` ici, dont nous avons discuté au Chapitre 2 et que nous revisiterons au Chapitre 9 sur la Portée).

La Boucle `while`

Et si vous ne savez pas exactement combien de fois vous devez boucler ? Peut-être devez-vous continuer à faire quelque chose *jusqu'à* ce qu'une condition spécifique soit remplie, comme attendre une entrée utilisateur ou traiter des éléments jusqu'à épuisement d'une ressource. Pour ces scénarios, la boucle `while` est idéale.

La boucle `while` a une structure plus simple que la boucle `for` :

```
while (condition) {
  // Bloc de code à exécuter tant que la condition est vraie

  // *Crucial : Quelque chose à l'intérieur de la boucle doit éventuellement*
  // *rendre la condition fausse, sinon c'est une boucle infinie !*
}
```

1. Le mot-clé `while` commence la boucle.
2. La `condition` entre parenthèses est évaluée **avant** chaque itération potentielle.
3. Si la `condition` est `true`, le bloc de code s'exécute.
4. Après l'exécution du bloc, la condition est vérifiée *à nouveau*. Ce cycle se répète.
5. Si (ou quand) la `condition` s'évalue à `false`, la boucle s'arrête, et le programme continue après le bloc de la boucle.

Simulons un simple compte à rebours :

```
let compteARebours = 3;

console.log("Démarrage du compte à rebours...");

while (compteARebours > 0) {
  console.log(compteARebours);
  compteARebours--; // *Décrémente le compteur - étape vitale !*
}

console.log("Décollage !");

// *Sortie :*
// Démarrage du compte à rebours...
// 3
```

```
// 2
// 1
// Décollage !
```

Comment ça marche :

1. `compteARebours > 0` (3 > 0) est `true`. Affiche 3. `compteARebours` devient 2.
2. `compteARebours > 0` (2 > 0) est `true`. Affiche 2. `compteARebours` devient 1.
3. `compteARebours > 0` (1 > 0) est `true`. Affiche 1. `compteARebours` devient 0.
4. `compteARebours > 0` (0 > 0) est `false`. La boucle se termine.
5. "Décollage !" est affiché.

Crucialement, remarquez la ligne `compteARebours--`. Sans elle, `compteARebours` resterait toujours à 3, `compteARebours > 0` serait toujours vrai, et la boucle tournerait indéfiniment ! C'est ce qu'on appelle une **boucle infinie**, dont nous discuterons plus en détail sous peu.

La Boucle `do...while`

La boucle `do...while` est une proche parente de la boucle `while`. La différence clé est que la condition est vérifiée **après** l'exécution du corps de la boucle, et non avant. Cela garantit que le code à l'intérieur du bloc de la boucle s'exécutera **au moins une fois**, même si la condition est initialement fausse.

La syntaxe est :

```
do {
  // Bloc de code à exécuter

  // *Encore une fois, assurez-vous que quelque chose peut rendre la condition
fausse*
} while (condition); // *Le point-virgule est requis ici !*
```

1. Le mot-clé do commence la boucle.
2. Le bloc de code {...} s'exécute **en premier**.
3. Ensuite, la condition entre parenthèses while() est évaluée.
4. Si la condition est true, l'exécution retourne au bloc do pour une autre itération.
5. Si la condition est false, la boucle se termine.

Quand utiliseriez-vous cela ? Un scénario courant est de demander une entrée à l'utilisateur jusqu'à ce qu'il fournisse quelque chose de valide, en s'assurant que l'invite apparaît au moins une fois.

```
let entreeUtilisateur;

do {
  // *Supposons que prompt() est une fonction qui obtient l'entrée utilisateur
(nous verrons l'interaction DOM plus tard)*
  // *Pour l'instant, simulons-le*
  console.log("Veuillez entrer 'oui' ou 'non' :");
  // *Dans un scénario réel, vous obtiendriez l'entrée ici. Simulons quelques
essais.*
  if (entreeUtilisateur === undefined) {
      entreeUtilisateur = "peut-etre"; // *Premier essai invalide*
      console.log(`Entrée simulée : ${entreeUtilisateur}`);
  } else if (entreeUtilisateur === "peut-etre") {
      entreeUtilisateur = "oui"; // *Deuxième essai valide*
        console.log(`Entrée simulée : ${entreeUtilisateur}`);
  }

} while (entreeUtilisateur !== "oui" && entreeUtilisateur !== "non");

console.log(`Vous avez entré : ${entreeUtilisateur}`);

// *Sortie :*
// Veuillez entrer 'oui' ou 'non' :
// Entrée simulée : peut-etre
// Veuillez entrer 'oui' ou 'non' :
// Entrée simulée : oui
// Vous avez entré : oui
```

Notez que la boucle s'est exécutée deux fois : une fois avec l'invalide "peut-etre", et de nouveau pour obtenir le valide "oui". Si `entreeUtilisateur` avait été initialisé à "oui" *avant* la boucle, le bloc do se serait quand même exécuté une fois avant que la condition ne soit vérifiée.

Éviter les Boucles Infinies

Une boucle infinie se produit lorsque la condition de sortie de la boucle n'est jamais remplie. La boucle s'exécute indéfiniment (ou jusqu'à ce que le navigateur/système intervienne, souvent en se figeant ou en plantant). C'est généralement un bug !

Causes Courantes :

- `while` / `do...while` : Oublier d'inclure du code à l'intérieur de la boucle qui modifie la ou les variables impliquées dans la condition, de sorte que la condition ne devient *jamais* fausse.

```
// *Boucle infinie - danger !*
let compteur = 0;
while (compteur < 10) {
  console.log("Toujours en cours...");
  // *Oublié d'incrémenter compteur (par ex., compteur++;)*
}
```

- `for` : Écrire une condition ou une expression-finale qui ne progresse pas vers le fait de rendre la condition fausse.

```
// *Boucle infinie - danger !*
for (let i = 0; i < 5; i--) { // *Décrémenter i le rend toujours
inférieur à 5*
  console.log("Aller dans le mauvais sens !");
}
```

Prévention :

- Vérifiez toujours que les variables de votre condition de boucle sont modifiées dans le corps de la boucle (`while`, `do...while`) ou dans l'expression-finale (`for`) d'une manière qui finira par rendre la condition fausse.
- Testez soigneusement vos boucles, peut-être avec un compteur temporaire ou des instructions `console.log`, pour vous assurer qu'elles se terminent comme prévu.

Si vous exécutez accidentellement une boucle infinie dans un onglet de navigateur, vous devrez peut-être fermer cet onglet ou même forcer la fermeture du navigateur.

Contrôler les Boucles

Parfois, vous avez besoin d'un contrôle plus fin sur vos boucles que de simplement les laisser s'exécuter jusqu'à ce que la condition principale soit remplie. JavaScript fournit deux instructions pour cela : `break` et `continue`.

break

Nous avons rencontré break dans l'instruction switch (Chapitre 4). Dans le contexte des boucles (for, while, do...while), l'instruction break **termine immédiatement la boucle entière**, indépendamment du fait que la condition principale de la boucle soit toujours vraie. L'exécution continue avec la première instruction *après* le bloc de la boucle.

Elle est souvent utilisée lorsque vous recherchez quelque chose et que vous voulez arrêter dès que vous l'avez trouvé.

```
let nombres = [2, 5, 8, 12, 15, 20]; // *Un tableau (plus au Chapitre 6)*
let nombreTrouve = -1; // *Valeur par défaut si non trouvé*
let cibleRecherche = 12;

console.log(`Recherche de ${cibleRecherche}...`);

for (let i = 0; i < nombres.length; i++) { // *Boucle à travers les indices du
tableau*
  console.log(`Vérification de l'indice ${i}, valeur ${nombres[i]}`);
  if (nombres[i] === cibleRecherche) {
    nombreTrouve = nombres[i];
    console.log("Trouvé !");
    break; // *Sortir de la boucle immédiatement*
  }
}

if (nombreTrouve !== -1) {
    console.log(`La cible ${nombreTrouve} a été localisée.`);
} else {
    console.log(`La cible ${cibleRecherche} n'est pas dans la liste.`);
}

// *Sortie :*
// Recherche de 12...
// Vérification de l'indice 0, valeur 2
// Vérification de l'indice 1, valeur 5
// Vérification de l'indice 2, valeur 8
// Vérification de l'indice 3, valeur 12
// Trouvé !
// La cible 12 a été localisée.
```

Notez comment la boucle a cessé de vérifier 15 et 20 une fois que 12 a été trouvé et que break a été exécuté.

continue

L'instruction `continue` ne termine pas la boucle entière. Au lieu de cela, elle **saute le reste du code à l'intérieur de l'itération actuelle** du corps de la boucle et passe immédiatement à l'**itération suivante** (évaluant la condition et exécutant l'expression-finale dans une boucle `for`).

Elle est utile lorsque vous voulez traiter la plupart des éléments d'une boucle mais en ignorer certains en fonction d'une condition.

Exemple : Afficher uniquement les nombres impairs entre 1 et 10.

```
console.log("Affichage des nombres impairs :");

for (let i = 1; i <= 10; i++) {
  if (i % 2 === 0) { // *Vérifie si le nombre est pair*
    continue; // *Saute le reste de cette itération si pair*
  }
  // *Cette ligne n'est atteinte que si 'continue' n'a PAS été exécuté (c.-à-d.
si i est impair)*
  console.log(i);
}

// *Sortie :*
// Affichage des nombres impairs :
// 1
// 3
// 5
// 7
// 9
```

Lorsque i valait 2, 4, 6, 8 ou 10, la condition `if` était vraie, `continue` était exécuté, et la ligne `console.log(i)` était sautée pour cette itération.

Parcourir des Collections (Un Premier Aperçu)

L'une des utilisations les plus courantes des boucles est de traiter des collections de données, comme des listes d'éléments. En JavaScript, la principale façon de représenter des listes ordonnées est d'utiliser des **Tableaux (Arrays)**. Bien que nous consacrions entièrement le Chapitre 6 aux tableaux, voyons rapidement comment une boucle `for` est parfaitement adaptée pour les parcourir.

Les tableaux ont une propriété `length` qui vous indique combien d'éléments ils contiennent, et vous accédez aux éléments individuels en utilisant des indices numériques commençant à 0.

```
let couleurs = ["rouge", "vert", "bleu", "jaune"];

console.log("Couleurs disponibles :");

// *Boucle de l'indice 0 jusqu'à (mais non inclus) couleurs.length*
for (let i = 0; i < couleurs.length; i++) {
  let couleurActuelle = couleurs[i]; // *Accède à l'élément à l'indice i*
  console.log(`- ${couleurActuelle}`);
}

// *Sortie :*
// Couleurs disponibles :
// - rouge
// - vert
// - bleu
// - jaune
```

Ce modèle (utiliser une boucle `for` avec un indice de 0 à `tableau.length - 1`) est fondamental pour travailler avec des tableaux. Nous explorerons cela et des moyens plus pratiques de parcourir les tableaux dans les chapitres suivants.

Résumé du Chapitre

Ce chapitre a introduit le concept puissant des **boucles** pour automatiser les tâches répétitives. Nous avons couvert la boucle `for`, idéale lorsque vous connaissez le nombre de répétitions, en décomposant ses composants `initialisation`, `condition` et `expression-finale`. Nous avons exploré la boucle `while` pour répéter des tâches tant qu'une condition reste vraie, en soulignant la nécessité de s'assurer que la condition devienne finalement fausse. La boucle `do...while` a été présentée comme une variante qui garantit au moins une exécution avant de vérifier la condition. Nous avons discuté de l'importance critique d'**éviter les boucles infinies** et de la manière dont elles se produisent couramment. Enfin, nous avons appris comment obtenir un contrôle plus fin dans les boucles en utilisant `break` pour sortir prématurément et `continue` pour sauter l'itération en cours. Nous avons également eu un aperçu de la façon dont les boucles, en particulier les boucles `for`, sont essentielles pour travailler avec des collections comme les tableaux.

Vous disposez maintenant des outils pour non seulement prendre des décisions (if/else) mais aussi pour répéter des actions efficacement (for/while). Ces structures de contrôle de flux sont les principaux constructeurs de logique en programmation. Avec les variables, les opérateurs, les conditions et les boucles à votre actif, vous êtes prêt à commencer à organiser les données plus efficacement. Dans le prochain chapitre, nous nous plongerons dans les **Tableaux (Arrays)**, l'outil principal de JavaScript pour stocker des listes ordonnées de données, et verrons comment les boucles rendent leur manipulation pratique.

6
Tableaux (Arrays)

Jusqu'à présent, nous avons appris à stocker des éléments d'information uniques à l'aide de variables (Chapitre 2) et à répéter des actions à l'aide de boucles (Chapitre 5). Les variables sont idéales pour contenir des éléments individuels comme le nom d'un utilisateur ou la température actuelle. Mais que se passe-t-il lorsque vous devez travailler avec une *collection* d'éléments liés ? Imaginez devoir stocker une liste de noms d'étudiants, les meilleurs scores d'un jeu, les étapes d'une recette ou les couleurs disponibles pour un produit. Créer une variable distincte pour chaque élément (`score1`, `score2`, `score3`, ...) deviendrait rapidement ingérable, surtout si la taille de la liste peut changer.

C'est là que les **Tableaux (Arrays)** entrent en jeu. Les tableaux sont une structure de données fondamentale en JavaScript utilisée pour stocker une **liste ordonnée** de plusieurs valeurs sous un seul nom de variable. Pensez à un tableau comme à une liste numérotée ou à une étagère avec des emplacements spécifiquement numérotés, où chaque emplacement peut contenir une valeur.

Qu'est-ce qu'un Tableau ?

Un tableau est un type spécial d'objet en JavaScript spécifiquement conçu pour contenir une collection d'éléments dans une séquence particulière. Les caractéristiques clés incluent :

- **Ordonné** : Les éléments d'un tableau conservent un ordre spécifique. Le premier élément que vous ajoutez reste le premier, le deuxième reste le deuxième, et ainsi de suite, à moins que vous ne changiez explicitement l'ordre.
- **Indexé** : Chaque élément dans un tableau a une position numérique appelée **indice** (index). Fait important, les indices de tableau en JavaScript sont **basés sur zéro**, ce qui signifie que le premier élément est à l'indice 0, le deuxième à l'indice 1, le troisième à l'indice 2, et ainsi de suite.
- **Flexible** : Les tableaux peuvent contenir des éléments de n'importe quel type de données – nombres, chaînes, booléens, autres objets, même d'autres tableaux ! Vous pouvez mélanger différents types au sein du même tableau.
- **Dynamique** : Les tableaux JavaScript peuvent s'agrandir ou se réduire en taille selon les besoins ; vous pouvez ajouter ou supprimer des éléments après la création du tableau.

Imaginez une liste de tâches pour la journée :

1. Se réveiller
2. Faire du café
3. Vérifier les emails
4. Coder !

Dans un tableau, cela ressemblerait à :

- Indice 0 : "Se réveiller"
- Indice 1 : "Faire du café"
- Indice 2 : "Vérifier les emails"
- Indice 3 : "Coder !"

Créer des Tableaux

La manière la plus courante et préférée de créer un tableau en JavaScript est d'utiliser la syntaxe **littérale de tableau**, qui consiste à enfermer une liste d'éléments séparés par des virgules entre crochets [].

```
// Un tableau vide
let listeVide = [];
console.log(listeVide); // *Sortie : []*

// Un tableau de chaînes (langages de programmation)
let langages = ["JavaScript", "Python", "Java", "C++"];
console.log(langages); // *Sortie : [ 'JavaScript', 'Python', 'Java', 'C++' ]*
```

```
// Un tableau de nombres (scores)
let meilleursScores = [98, 95, 92, 88, 85];
console.log(meilleursScores); // *Sortie : [ 98, 95, 92, 88, 85 ]*

// Un tableau avec des types de données mixtes
let donneesMixtes = ["Alice", 30, true, null, { theme: "sombre" }];
// *Contient chaîne, nombre, booléen, null et un objet (Chapitre 7)*
console.log(donneesMixtes); // *Sortie : [ 'Alice', 30, true, null, { theme:
'sombre' } ]*

// Un tableau contenant un autre tableau (tableau imbriqué ou multidimensionnel)
let matrice = [
  [1, 2, 3],
  [4, 5, 6],
  [7, 8, 9]
];
console.log(matrice); // *Sortie : [ [ 1, 2, 3 ], [ 4, 5, 6 ], [ 7, 8, 9 ] ]*
```

Note sur new Array() : Vous pourriez occasionnellement voir des tableaux créés en utilisant new Array(). Bien que cela fonctionne, cela peut parfois être déroutant (par ex., new Array(5) crée un tableau vide de longueur 5, mais new Array(5, 10) crée un tableau [5, 10]). Pour la clarté et la cohérence, **tenez-vous-en à la syntaxe littérale de tableau []**.

Accéder aux Éléments d'un Tableau (Indices)

Pour récupérer un élément d'un tableau, vous utilisez la notation avec crochets [] immédiatement après le nom de la variable du tableau, en plaçant l'**indice basé sur zéro** de l'élément désiré à l'intérieur des crochets.

```
let fruits = ["Pomme", "Banane", "Cerise", "Datte"];

// Accéder au premier élément (indice 0)
let premierFruit = fruits[0];
console.log(premierFruit); // *Sortie : Pomme*

// Accéder au troisième élément (indice 2)
let troisiemeFruit = fruits[2];
console.log(troisiemeFruit); // *Sortie : Cerise*

// Accéder au dernier élément
// (La longueur est 4, donc le dernier indice est 4 - 1 = 3)
let dernierFruit = fruits[fruits.length - 1];
console.log(dernierFruit); // *Sortie : Datte*
```

```
// Que se passe-t-il si l'indice est hors limites ?
let inexistant = fruits[10];
console.log(inexistant); // *Sortie : undefined*
```

Tenter d'accéder à un indice qui n'existe pas dans le tableau ne provoque pas d'erreur ; cela retourne simplement la valeur undefined, que nous avons découverte au Chapitre 2.

Modifier les Éléments d'un Tableau

Vous pouvez changer la valeur d'un élément à un indice spécifique en utilisant l'assignation (=), tout comme avec les variables régulières, mais en utilisant la notation avec crochets pour spécifier l'élément cible.

```
let couleurs = ["Rouge", "Vert", "Bleu"];
console.log("Couleurs originales :", couleurs); // *Sortie : Couleurs originales
: [ 'Rouge', 'Vert', 'Bleu' ]*

// Changer l'élément à l'indice 1 (Vert) en 'Jaune'
couleurs[1] = "Jaune";
console.log("Couleurs modifiées :", couleurs); // *Sortie : Couleurs modifiées :
[ 'Rouge', 'Jaune', 'Bleu' ]*

// Vous pouvez même ajouter des éléments en assignant à un nouvel indice
couleurs[3] = "Violet"; // *Ajoute 'Violet' à l'indice 3*
console.log("Couleur ajoutée :", couleurs); // *Sortie : Couleur ajoutée :
[ 'Rouge', 'Jaune', 'Bleu', 'Violet' ]*
```

Propriétés des Tableaux : length

Chaque tableau a une propriété intégrée length qui vous indique combien d'éléments se trouvent actuellement dans le tableau. Cette propriété est incroyablement utile, surtout lorsque vous avez besoin de parcourir tous les éléments.

```
let outils = ["Marteau", "Tournevis", "Clé"];
console.log(outils.length); // *Sortie : 3*

let nombres = [10, 20, 30, 40, 50, 60];
console.log(nombres.length); // *Sortie : 6*
```

```
let vide = [];
console.log(vide.length); // *Sortie : 0*

// La propriété length se met à jour automatiquement lorsque vous
ajoutez/supprimez des éléments
outils.push("Pince"); // *Ajoute un élément (plus sur push() bientôt)*
console.log(outils);      // *Sortie : [ 'Marteau', 'Tournevis', 'Clé',
'Pince' ]*
console.log(outils.length); // *Sortie : 4*
```

Comme vu dans l'exemple `fruits` plus tôt, `tableau.length - 1` est un moyen fiable d'obtenir l'indice du *dernier* élément dans n'importe quel tableau non vide.

Méthodes Courantes des Tableaux

Les tableaux sont équipés de nombreuses **méthodes** intégrées. Les méthodes sont essentiellement des fonctions associées à un objet (dans ce cas, le tableau) qui effectuent des actions sur ou liées à cet objet. Vous appelez une méthode en utilisant la notation point (.) suivie du nom de la méthode et de parenthèses (). Certaines méthodes nécessitent des arguments entre parenthèses.

Explorons quelques-unes des méthodes de tableau les plus fréquemment utilisées :

Ajout/Suppression d'Éléments

Ces méthodes modifient le tableau original (elles sont "mutantes" ou "destructrices").

- `push(element1, element2, ...)` : Ajoute un ou plusieurs éléments à la **fin** du tableau. Elle retourne la nouvelle `length` du tableau.

  ```
  let planetes = ["Mercure", "Vénus", "Terre"];
  let nouvelleLongueur = planetes.push("Mars", "Jupiter");

  console.log(planetes);   // *Sortie : [ 'Mercure', 'Vénus', 'Terre',
  'Mars', 'Jupiter' ]*
  console.log(nouvelleLongueur); // *Sortie : 5*
  ```

- `pop()` : Supprime le **dernier** élément du tableau. Elle retourne l'élément qui a été supprimé.

  ```
  let navigateurs = ["Chrome", "Firefox", "Safari", "Edge"];
  let navigateurSupprime = navigateurs.pop();
  ```

```
console.log(navigateurs);        // *Sortie : [ 'Chrome', 'Firefox',
'Safari' ]*
console.log(navigateurSupprime);// *Sortie : Edge*
```

- unshift(element1, element2, ...) : Ajoute un ou plusieurs éléments au
  début du tableau. Elle retourne la nouvelle length du tableau. (Note : Peut
  être moins efficace que push pour de très grands tableaux car tous les éléments
  existants doivent être ré-indexés).

```
let lettres = ["C", "D"];
let nouvelleLongueur2 = lettres.unshift("A", "B");

console.log(lettres);        // *Sortie : [ 'A', 'B', 'C', 'D' ]*
console.log(nouvelleLongueur2); // *Sortie : 4*
```

- shift() : Supprime le **premier** élément du tableau. Elle retourne l'élément
  qui a été supprimé. (Comme unshift, cela peut être moins efficace pour de
  grands tableaux).

```
let fileAttente = ["Premier", "Deuxième", "Troisième"];
let prochainDansFile = fileAttente.shift();

console.log(fileAttente);        // *Sortie : [ 'Deuxième', 'Troisième' ]*
console.log(prochainDansFile); // *Sortie : Premier*
```

Découpage et Remplacement (Slicing and Splicing)

Ces méthodes traitent des portions du tableau.

- slice(indiceDebut, indiceFin) : Retourne un **nouveau** tableau contenant
  une copie superficielle (shallow copy) d'une portion du tableau original, de
  indiceDebut (inclus) jusqu'à indiceFin (exclus). **Elle ne modifie pas le tableau
  original.**

  - Si indiceFin est omis, elle découpe jusqu'à la fin du tableau.
  - Si indiceDebut est omis (ou 0), elle découpe depuis le début.
  - Des indices négatifs peuvent être utilisés pour compter à partir de la
    fin (-1 est le dernier élément, -2 est l'avant-dernier, etc.).

```
let animaux = ["Fourmi", "Bison", "Chameau", "Canard", "Éléphant"];
```

```
// Obtenir les éléments de l'indice 2 ('Chameau') jusqu'à (non inclus)
// l'indice 4 ('Éléphant')
let animauxMilieu = animaux.slice(2, 4);
console.log(animauxMilieu); // *Sortie : [ 'Chameau', 'Canard' ]*

// Obtenir les éléments de l'indice 1 ('Bison') jusqu'à la fin
let toutSaufPremier = animaux.slice(1);
console.log(toutSaufPremier); // *Sortie : [ 'Bison', 'Chameau',
'Canard', 'Éléphant' ]*

// Obtenir les deux derniers éléments
let deuxDerniers = animaux.slice(-2);
console.log(deuxDerniers); // *Sortie : [ 'Canard', 'Éléphant' ]*

// Créer une copie de tout le tableau
let copieAnimaux = animaux.slice();
console.log(copieAnimaux); // *Sortie : [ 'Fourmi', 'Bison', 'Chameau',
'Canard', 'Éléphant' ]*

console.log("Tableau original inchangé :", animaux);
// *Sortie : Tableau original inchangé : [ 'Fourmi', 'Bison', 'Chameau',
'Canard', 'Éléphant' ]*
```

- splice(indiceDebut, nbASupprimer, element1, element2, ...) : **Modifie le tableau original** en supprimant, remplaçant ou ajoutant des éléments. Elle retourne un tableau contenant les éléments qui ont été supprimés (le cas échéant).

    - indiceDebut : L'indice à partir duquel commencer à modifier le tableau.
    - nbASupprimer : Le nombre d'éléments à supprimer (à partir de indiceDebut).
    - element1, element2, ... (optionnel) : Éléments à ajouter au tableau à indiceDebut après avoir supprimé des éléments.

```
let mois = ["Jan", "Mars", "Avril", "Juin"];
console.log("Original :", mois); // *Sortie : Original : [ 'Jan',
'Mars', 'Avril', 'Juin' ]*

// Insérer 'Fev' à l'indice 1
// Commencer à l'indice 1, supprimer 0 élément, ajouter 'Fev'
let supprime1 = mois.splice(1, 0, "Fev");
```

```
console.log("Après insertion :", mois);   // *Sortie : Après insertion :
[ 'Jan', 'Fev', 'Mars', 'Avril', 'Juin' ]*
console.log("Supprimé :", supprime1); // *Sortie : Supprimé : []*

// Remplacer 'Avril' par 'Mai'
// Commencer à l'indice 3 ('Avril'), supprimer 1 élément, ajouter 'Mai'
let supprime2 = mois.splice(3, 1, "Mai");
console.log("Après remplacement :", mois);   // *Sortie : Après
remplacement : [ 'Jan', 'Fev', 'Mars', 'Mai', 'Juin' ]*
console.log("Supprimé :", supprime2); // *Sortie : Supprimé :
[ 'Avril' ]*

// Supprimer 'Juin' (indice 4)
// Commencer à l'indice 4, supprimer 1 élément
let supprime3 = mois.splice(4, 1);
console.log("Après suppression :", mois);   // *Sortie : Après
suppression : [ 'Jan', 'Fev', 'Mars', 'Mai' ]*
console.log("Supprimé :", supprime3); // *Sortie : Supprimé :
[ 'Juin' ]*
```

Parce que `splice` modifie le tableau original, utilisez-la avec précaution. Utilisez `slice` lorsque vous avez besoin d'une portion sans changer la source.

Trouver des Éléments

- `indexOf(elementRecherche, aPartirDeIndice)` : Recherche elementRecherche dans le tableau et retourne le **premier indice** auquel il est trouvé. Si l'élément n'est pas trouvé, elle retourne -1.

    - `aPartirDeIndice` (optionnel) : L'indice à partir duquel commencer la recherche.

  ```
  let outils = ["Marteau", "Clé", "Tournevis", "Clé"];

  console.log(outils.indexOf("Clé")); // *Sortie : 1 (trouve la première
  'Clé')*
  console.log(outils.indexOf("Pince")); // *Sortie : -1 (non trouvé)*

  // Trouver 'Clé' en commençant la recherche à l'indice 2
  console.log(outils.indexOf("Clé", 2)); // *Sortie : 3*
  ```

- `includes(elementRecherche, aPartirDeIndice)` : Vérifie si un tableau contient elementRecherche, retournant true ou false. C'est souvent plus simple et plus clair que de vérifier si indexOf retourne -1.

- aPartirDeIndice (optionnel) : L'indice à partir duquel commencer la recherche.

```
let animauxDomestiques = ["chat", "chien", "lapin"];

console.log(animauxDomestiques.includes("chien"));     // *Sortie : true*
console.log(animauxDomestiques.includes("poisson"));   // *Sortie :
false*

// Vérifier 'chat' en commençant à l'indice 1
console.log(animauxDomestiques.includes("chat", 1)); // *Sortie : false*
```

Il existe de nombreuses autres méthodes de tableau disponibles (comme map, filter, reduce, sort, etc.), qui permettent des transformations de données puissantes. Nous rencontrerons certaines d'entre elles dans des chapitres ultérieurs alors que nous explorerons des concepts plus avancés, en particulier les modèles de programmation fonctionnelle.

Itérer sur les Tableaux avec des Boucles

Comme aperçu au Chapitre 5, les boucles sont essentielles pour traiter chaque élément d'un tableau.

La Boucle for Standard

Cette approche classique vous donne accès à la fois à l'indice (i) et à l'élément (tableau[i]).

```
let scores = [85, 92, 78, 99];
let total = 0;

for (let i = 0; i < scores.length; i++) {
  console.log(`Traitement du score à l'indice ${i}: ${scores[i]}`);
  total += scores[i]; // *Ajoute le score actuel au total*
}

let moyenne = total / scores.length;
console.log(`Score total : ${total}`);     // *Sortie : Score total : 354*
console.log(`Score moyen : ${moyenne}`); // *Sortie : Score moyen : 88.5*
```

La Boucle `for...of`

Si vous n'avez besoin que de la **valeur** de chaque élément et non de son indice, la boucle `for...of` (introduite en ES6) offre une syntaxe plus propre :

```
let noms = ["Alice", "Bob", "Charlie"];

console.log("Liste des invités :");
for (let nom of noms) {
  // 'nom' contient directement la valeur de l'élément à chaque itération
  console.log(`- Bienvenue, ${nom} !`);
}

// *Sortie :*
// Liste des invités :
// - Bienvenue, Alice !
// - Bienvenue, Bob !
// - Bienvenue, Charlie !
```

La Méthode `forEach`

Les tableaux ont également une méthode `forEach` qui exécute une fonction fournie une fois pour chaque élément du tableau. Elle utilise une fonction "callback", un concept que nous explorerons plus en profondeur lorsque nous plongerons dans les fonctions (Chapitre 8).

```
let courses = ["Lait", "Pain", "Oeufs"];

console.log("Liste de courses :");
courses.forEach(function(article, indice) {
  // *La fonction reçoit l'article et son indice*
  console.log(`Article ${indice + 1}: ${article}`);
});

// *Sortie :*
// Liste de courses :
// Article 1: Lait
// Article 2: Pain
// Article 3: Oeufs
```

Pour l'instant, la boucle `for` standard et la boucle `for...of` sont d'excellents outils pour l'itération sur les tableaux.

Résumé du Chapitre

Dans ce chapitre, nous avons découvert les **Tableaux (Arrays)**, la structure fondamentale de JavaScript pour stocker des collections ordonnées de données. Nous avons vu comment créer des tableaux en utilisant les **littéraux de tableau** `[]` et comment accéder et modifier leurs éléments en utilisant des **indices basés sur zéro** avec la notation à crochets `nomTableau[indice]`. Nous avons exploré la propriété dynamique `length`, qui nous indique la taille du tableau. Nous nous sommes ensuite penchés sur les **méthodes de tableau** essentielles pour manipuler les tableaux : ajout/suppression d'éléments (`push`, `pop`, `unshift`, `shift`), obtention de portions (`slice`), modification sur place (`splice`), et recherche d'éléments (`indexOf`, `includes`). Enfin, nous avons revisité comment traiter les éléments de tableau à l'aide de boucles, en soulignant la boucle `for` standard, la pratique boucle `for...of`, et la méthode `forEach`.

Les tableaux sont parfaits pour les listes ordonnées où la position (indice) compte. Cependant, nous avons parfois besoin de stocker des données où les éléments sont identifiés par des étiquettes descriptives plutôt que par des positions numériques, comme le stockage des propriétés d'un utilisateur (nom, email, âge). Pour cela, JavaScript offre une autre structure de données cruciale : les **Objets**. Dans le prochain chapitre, nous explorerons les objets et comment ils nous permettent de représenter des données plus complexes et structurées en utilisant des paires clé-valeur.

7

Objets

Dans le dernier chapitre, nous avons exploré les tableaux – la manière de JavaScript de stocker des listes ordonnées d'éléments, comme une liste de courses ou une séquence d'étapes. Nous accédions aux éléments en utilisant leur position numérique, ou indice. Les tableaux sont fantastiques lorsque l'ordre compte et que vous avez juste besoin d'une liste. Mais que faire si vous avez besoin de représenter quelque chose avec plus de structure, où chaque élément d'information a une étiquette ou une description spécifique ?

Pensez à la description d'une voiture. Vous ne listeriez pas simplement ses attributs comme ["Rouge", 2022, "Berline", "Toyota"]. Il est beaucoup plus clair d'étiqueter chaque élément : Couleur est "Rouge", Année est 2022, Type est "Berline", Marque est "Toyota". C'est exactement cette structure étiquetée que les **Objets** fournissent en JavaScript. Alors que les tableaux sont comme des listes ordonnées et numérotées, les objets ressemblent davantage à des dictionnaires ou des classeurs, où vous stockez des informations sous des étiquettes nommées spécifiques (clés).

Qu'est-ce qu'un Objet ?

En JavaScript, un objet est une collection de données et/ou de fonctionnalités liées. Contrairement aux tableaux qui utilisent des indices numériques, les objets stockent des données en **paires clé-valeur**. Ces paires sont souvent appelées **propriétés**.

- **Clé (Key)** : Une chaîne de caractères (ou, moins couramment pour les débutants, un Symbole) qui agit comme l'identifiant unique d'une valeur au sein de l'objet. Pensez-y comme à l'étiquette sur un contenant ou un mot dans un dictionnaire.
- **Valeur (Value)** : La donnée réelle associée à la clé. Cela peut être *n'importe quel* type de données JavaScript – une chaîne, un nombre, un booléen, un tableau, même un autre objet !

Caractéristiques clés des objets :

- **Non Ordonnés (Historiquement)** : Traditionnellement, l'ordre des propriétés dans un objet JavaScript n'était pas garanti. Bien que le JavaScript moderne ait rendu l'ordre des propriétés plus prévisible dans de nombreuses situations (en particulier pour les clés non entières), vous ne devriez généralement pas vous fier à un ordre spécifique lorsque vous travaillez avec les propriétés d'objet, contrairement aux tableaux où l'ordre est fondamental.
- **Accès Basé sur la Clé** : Vous accédez aux valeurs en utilisant leurs clés correspondantes, et non des indices numériques.
- **Modélisation** : Les objets sont parfaits pour modéliser des choses du monde réel (comme un utilisateur, un produit, une configuration) ou des concepts abstraits qui ont des propriétés distinctes.

Créer des Objets

Tout comme les tableaux ont une syntaxe littérale (`[]`), les objets en ont une aussi, qui est la manière la plus courante et recommandée de les créer : la syntaxe **littérale d'objet**, utilisant des accolades `{}`.

À l'intérieur des accolades, vous définissez les propriétés comme des paires `clé: valeur`, séparées par des virgules.

```
// Un objet vide
let objetVide = {};
console.log(objetVide); // *Sortie : {}*

// Un objet représentant un utilisateur
let utilisateur = {
  prenom: "Grace", // *'prenom' est la clé, "Grace" est la valeur*
  nomFamille: "Hopper",
  profession: "Informaticienne",
  estAdmin: true,
  connexions: 99
```

```
};
console.log(utilisateur);
// *Sortie : { prenom: 'Grace', nomFamille: 'Hopper',
// *         profession: 'Informaticienne', estAdmin: true, connexions: 99 }*


// Un objet représentant un livre
let livre = {
  titre: "JavaScript Éloquent",
  auteur: "Marijn Haverbeke",
  "annee publication": 2018, // *Clé avec espace nécessite des guillemets*
  genres: ["Programmation", "Développement Web", "JavaScript"], // *La valeur
est un tableau*
  estDisponible: true
};
console.log(livre);
/* Sortie :
{
  titre: 'JavaScript Éloquent',
  auteur: 'Marijn Haverbeke',
  'annee publication': 2018,
  genres: [ 'Programmation', 'Développement Web', 'JavaScript' ],
  estDisponible: true
}
*/
```

Nommage des Clés :

- Si la clé est un identifiant JavaScript valide (commence par une lettre, _, ou $, et ne contient que des lettres, chiffres, _, ou $), vous pouvez l'écrire directement sans guillemets (comme prenom). C'est le style préféré lorsque c'est possible.
- Si la clé contient des espaces, des caractères spéciaux, ou commence par un chiffre, vous **devez** l'encadrer de guillemets (simples ou doubles), comme "annee publication".

Accéder aux Propriétés d'un Objet

Une fois que vous avez un objet, vous avez besoin d'un moyen de récupérer les valeurs stockées à l'intérieur. JavaScript offre deux manières principales d'accéder aux propriétés d'objet :

Notation Pointée (Dot Notation)

C'est la méthode la plus courante et souvent préférée lorsque la clé de propriété est un identifiant valide. Vous utilisez simplement le nom de la variable de l'objet suivi d'un point (.) puis de la clé de propriété.

```
let vaisseauSpatial = {
  nom: "Faucon Millenium",
  pilote: "Han Solo",
  vitesseMax: "105 MGLT",
  capaciteCargo: 100000 // *en kg*
};

// Accès aux propriétés en utilisant la notation pointée
let nomVaisseau = vaisseauSpatial.nom;
let nomPilote = vaisseauSpatial.pilote;

console.log(`Vaisseau : ${nomVaisseau}`);      // *Sortie : Vaisseau : Faucon
Millenium*
console.log(`Pilote : ${nomPilote}`); // *Sortie : Pilote : Han Solo*

// Vous pouvez aussi utiliser la notation pointée dans des expressions
let descriptionVitesse = `La vitesse max est ${vaisseauSpatial.vitesseMax}`;
console.log(descriptionVitesse); // *Sortie : La vitesse max est 105 MGLT*
```

La notation pointée est concise et généralement facile à lire.

Notation avec Crochets (Bracket Notation)

La seconde manière d'accéder aux propriétés est d'utiliser des crochets [], similaire à la façon dont vous accédez aux éléments de tableau. Cependant, au lieu d'un indice numérique, vous placez la **clé** (généralement sous forme de chaîne) à l'intérieur des crochets.

```
let produit = {
  id: "XYZ-123",
  "nom produit": "Souris sans fil", // *Clé avec espace*
  prix: 25.99,
  enStock: true
};

// Accès en utilisant la notation avec crochets
let idProduit = produit['id'];
console.log(`ID Produit : ${idProduit}`); // *Sortie : ID Produit : XYZ-123*
```

```
// La notation avec crochets est REQUISE pour les clés qui ne sont pas des
identifiants valides
let nomProduit = produit['nom produit'];
console.log(`Nom : ${nomProduit}`); // *Sortie : Nom : Souris sans fil*
// *produit."nom produit" provoquerait une erreur de syntaxe*

// Vous pouvez aussi utiliser une variable contenant le nom de la clé
let clePourAcces = "prix";
let prixProduit = produit[clePourAcces]; // *Accès en utilisant la variable*
console.log(`Prix : ${prixProduit} €`); // *Sortie : Prix : 25.99 €*
```

Quand utiliser la Notation avec Crochets :

1. Lorsque la clé de propriété contient des espaces, des caractères spéciaux, ou commence par un chiffre (c.-à-d., ce n'est pas un identifiant valide).
2. Lorsque la clé de propriété est stockée dans une variable ou déterminée dynamiquement à l'exécution.

Si la clé est un identifiant simple et valide, la notation pointée est généralement préférée pour son aspect plus propre.

Accéder aux Propriétés Non Existantes : Tout comme avec les tableaux, essayer d'accéder à une propriété qui n'existe pas sur un objet résulte en undefined, pas une erreur.

```
let personne = { nom: "Alice", age: 30 };
console.log(personne.email); // *Sortie : undefined*
```

Modifier les Propriétés d'un Objet

Vous pouvez facilement changer la valeur associée à une clé existante en utilisant soit la notation pointée soit la notation avec crochets combinée à l'opérateur d'assignation (=).

```
let parametres = {
  theme: "clair",
  taillePolice: 14,
  notificationsActivees: true
};
console.log("Paramètres initiaux :", parametres);
/* Sortie :
```

```
Paramètres initiaux : { theme: 'clair', taillePolice: 14, notificationsActivees:
true }
*/


// Modifier en utilisant la notation pointée
parametres.theme = "sombre";

// Modifier en utilisant la notation avec crochets
parametres['taillePolice'] = 16;

console.log("Paramètres mis à jour :", parametres);
/* Sortie :
Paramètres mis à jour : { theme: 'sombre', taillePolice: 16,
notificationsActivees: true }
*/
```

Ajouter et Supprimer des Propriétés

Les objets sont dynamiques ; vous pouvez ajouter de nouvelles propriétés ou supprimer des propriétés existantes après la création de l'objet.

Ajouter des Propriétés

Pour ajouter une nouvelle propriété, assignez simplement une valeur à une nouvelle clé en utilisant soit la notation pointée soit la notation avec crochets. Si la clé n'existe pas, JavaScript la créera pour vous.

```
let personnage = {
  nom: "Frodon",
  race: "Hobbit"
};
console.log("Avant ajout :", personnage);
// *Sortie : Avant ajout : { nom: 'Frodon', race: 'Hobbit' }*

// Ajouter des propriétés en utilisant la notation pointée
personnage.aAnneau = true;

// Ajouter des propriétés en utilisant la notation avec crochets
personnage["ville natale"] = "La Comté";

console.log("Après ajout :", personnage);
/* Sortie :
Après ajout : {
  nom: 'Frodon',
```

```
    race: 'Hobbit',
    aAnneau: true,
    'ville natale': 'La Comté'
}
*/
```

Supprimer des Propriétés

Pour supprimer complètement une propriété (à la fois la clé et sa valeur) d'un objet,
vous utilisez l'opérateur delete.

```
let cours = {
  titre: "Intro à JS",
  duree: "10 semaines",
  instructeur: "Dr. Script",
  plateforme: "En ligne"
};
console.log("Avant suppression :", cours);
/* Sortie :
Avant suppression : {
  titre: 'Intro à JS',
  duree: '10 semaines',
  instructeur: 'Dr. Script',
  plateforme: 'En ligne'
}
*/

// Supprimer la propriété 'plateforme'
delete cours.plateforme;
// *Vous pourriez aussi utiliser : delete cours['plateforme'];*

console.log("Après suppression :", cours);
/* Sortie :
Après suppression : {
  titre: 'Intro à JS',
  duree: '10 semaines',
  instructeur: 'Dr. Script'
}
*/

console.log(cours.plateforme); // *Sortie : undefined*
```

L'opérateur delete retourne true si la suppression a réussi (ou si la propriété n'existait
pas) et false si la propriété ne peut pas être supprimée (ce qui est rare pour les pro-

priétés d'objets simples). Bien que fonctionnel, l'utilisation excessive de delete peut parfois affecter les performances dans des scénarios très optimisés, mais pour la plupart des utilisations courantes, c'est parfaitement acceptable.

Les Objets Peuvent Tout Contenir (Même des Fonctions !)

Les valeurs associées aux clés dans un objet ne sont pas limitées à des primitives simples comme les chaînes ou les nombres. Elles peuvent aussi contenir des structures de données complexes.

```
let projet = {
  nomProjet: "Refonte du site web",
  statut: "En cours",
  dateEcheance: "2024-12-31",
  membresEquipe: ["Alice", "Bob", "Charlie"], // *Tableau comme valeur*
  client: { // *Un autre objet comme valeur (objet imbriqué)*
    nom: "Acme Corp",
    personneContact: "Diana Prince"
  }
};

// Accès aux données imbriquées
console.log(projet.nomProjet); // *Sortie : Refonte du site web*
console.log(projet.membresEquipe[1]); // *Accès à l'élément du tableau :
Sortie : Bob*
console.log(projet.client.personneContact); // *Accès à la propriété de l'objet
imbriqué : Sortie : Diana Prince*
```

Méthodes

L'une des caractéristiques les plus puissantes des objets est que les valeurs de leurs propriétés peuvent être des **fonctions**. Lorsqu'une fonction est stockée comme propriété d'un objet, elle est appelée une **méthode**. Les méthodes définissent des comportements ou des actions que l'objet peut effectuer, opérant souvent sur les propres données de l'objet.

```
let calculatrice = {
  operande1: 0,
  operande2: 0,
```

```
    // Méthode pour définir les opérandes
    definirOperandes: function(nb1, nb2) {
      this.operande1 = nb1;
      this.operande2 = nb2;
      console.log(`Opérandes définis à ${nb1} et ${nb2}`);
    },

    // Méthode pour effectuer l'addition
    ajouter: function() {
      let resultat = this.operande1 + this.operande2;
      console.log(`Résultat Addition : ${resultat}`);
      return resultat;
    },

    // Méthode pour effectuer la soustraction
    soustraire: function() {
      let resultat = this.operande1 - this.operande2;
      console.log(`Résultat Soustraction : ${resultat}`);
      return resultat;
    }
};

// Appeler les méthodes en utilisant la notation pointée
calculatrice.definirOperandes(10, 5); // *Sortie : Opérandes définis à 10 et 5*
calculatrice.ajouter();               // *Sortie : Résultat Addition : 15*
calculatrice.soustraire();            // *Sortie : Résultat Soustraction : 5*
```

Notez comment les méthodes sont définies comme des expressions de fonction régulières (que nous couvrirons formellement au Chapitre 8) assignées à une clé. Vous les appelez en utilisant la notation pointée suivie de parenthèses (), tout comme un appel de fonction régulier.

Un Premier Regard sur `this`

À l'intérieur des méthodes de `calculatrice`, vous avez vu le mot-clé `this` (`this.operande1`, `this.operande2`). Que signifie `this` ?

Dans le contexte d'une méthode d'objet appelée via la notation pointée (comme `calculatrice.ajouter()`), `this` fait typiquement référence à **l'objet lui-même** – l'objet sur lequel la méthode a été appelée. Ainsi, à l'intérieur de `ajouter()`, `this` fait référence à l'objet `calculatrice`. Cela permet à la méthode `ajouter` d'accéder à d'autres propriétés du *même objet*, comme `operande1` et `operande2`.

Sans `this`, la fonction `ajouter` ne saurait pas intrinsèquement quels `operande1` ou `operande2` utiliser s'il y avait plusieurs calculatrices ou variables avec ces noms ailleurs. `this` fournit un contexte, reliant l'exécution de la méthode à l'instance spécifique de l'objet.

Le comportement de `this` est en fait l'un des sujets les plus complexes en JavaScript et dépend fortement de *comment* une fonction est appelée. Nous y reviendrons plus en détail plus tard, mais pour l'instant, comprenez qu'à l'intérieur d'une méthode appelée comme `objet.methode()`, `this` pointe généralement vers `objet`.

Résumé du Chapitre

Ce chapitre a introduit les **Objets**, la manière de JavaScript de stocker des données structurées en utilisant des **paires clé-valeur** (propriétés). Nous avons appris la principale façon de les créer en utilisant la **syntaxe littérale d'objet** `{}`. Nous avons exploré les deux façons d'accéder et de modifier les propriétés : la **notation pointée** (`objet.-propriete`) pour les identifiants valides et la **notation avec crochets** (`objet['propriete']`) pour les clés avec des caractères spéciaux ou lors de l'utilisation de variables. Nous avons vu comment **ajouter** dynamiquement des propriétés par assignation et les **supprimer** en utilisant l'opérateur `delete`. De manière cruciale, nous avons appris que les valeurs d'objet peuvent être de n'importe quel type de données, y compris d'autres objets (imbrication) et des fonctions. Lorsque les fonctions sont stockées en tant que propriétés, elles deviennent des **méthodes**, définissant le comportement de l'objet. Nous avons également eu notre première rencontre avec le mot-clé `this` à l'intérieur des méthodes, comprenant son rôle dans la fourniture de contexte et permettant aux méthodes d'accéder aux propres propriétés de leur objet.

Les objets et les tableaux sont les principaux moyens d'organiser les données en JavaScript. Maintenant que nous avons vu comment les fonctions peuvent être stockées *à l'intérieur* des objets en tant que méthodes, il est temps d'examiner de beaucoup plus près les fonctions elles-mêmes. Dans le prochain chapitre, nous explorerons comment définir et utiliser les **Fonctions** comme des blocs de code réutilisables, en comprenant les paramètres, les valeurs de retour et la portée – des concepts essentiels pour écrire des programmes JavaScript organisés, modulaires et efficaces.

8

Fonctions

Dans le chapitre précédent, nous avons exploré les objets et vu comment ils peuvent contenir non seulement des données (propriétés) mais aussi des actions (méthodes, qui sont des fonctions stockées comme propriétés). Cette idée d'empaqueter du code qui effectue une tâche spécifique est incroyablement puissante et fondamentale en programmation. Imaginez que vous ayez besoin de calculer l'aire d'un rectangle plusieurs fois dans votre programme avec des dimensions différentes, ou de formater le nom d'un utilisateur de manière cohérente dans diverses parties de votre application. Copier et coller la même logique partout serait inefficace et un cauchemar à mettre à jour si la logique devait changer.

Ce chapitre plonge en profondeur dans les **Fonctions**, le mécanisme principal en JavaScript pour créer des blocs de code réutilisables et nommés. Pensez aux fonctions comme à des mini-programmes au sein de votre programme plus large, ou comme à des outils spécialisés dans un atelier – vous définissez l'outil une fois (comme une recette) et l'utilisez ensuite chaque fois que vous avez besoin de ce travail spécifique. Maîtriser les fonctions est essentiel pour écrire du code organisé, maintenable et non répétitif.

Pourquoi Utiliser des Fonctions ? Le Principe DRY

Comme mentionné, la raison principale d'utiliser des fonctions est d'éviter de se répéter. Cela correspond au principe **DRY (Don't Repeat Yourself - Ne Vous Répétez Pas)**, une pierre angulaire du bon développement logiciel. Mais les avantages vont au-delà de la simple répétition :

- **Réutilisabilité** : Définissez un morceau de logique une fois et appelez-le depuis plusieurs endroits dans votre code.
- **Organisation** : Décomposez les programmes complexes en unités logiques plus petites et gérables. Chaque fonction gère une tâche spécifique, rendant la structure globale plus claire.
- **Lisibilité** : Donnez des noms descriptifs aux blocs de code, ce qui facilite la compréhension de ce que fait le code sans avoir besoin de lire chaque ligne de l'implémentation. Par exemple, `calculerPrixTotal()` est plus immédiatement compréhensible que plusieurs lignes d'opérations arithmétiques.
- **Maintenabilité** : Si vous devez corriger un bug ou mettre à jour la logique d'une tâche spécifique, vous n'avez besoin de la modifier qu'à l'intérieur de la définition de la fonction correspondante. Le changement s'applique automatiquement partout où la fonction est appelée.
- **Abstraction** : Les fonctions cachent la complexité de *comment* une tâche est effectuée. Lorsque vous appelez une fonction, vous n'avez besoin de savoir que *ce qu'elle fait* (et quelles entrées elle nécessite), pas nécessairement les détails complexes de son fonctionnement interne.

Définir des Fonctions

Avant de pouvoir utiliser (ou "appeler") une fonction, vous devez la définir. JavaScript offre deux manières principales de définir des fonctions : les déclarations de fonction et les expressions de fonction.

Déclarations de Fonction

C'est souvent considéré comme la manière "classique" de définir une fonction. Elle commence par le mot-clé `function`, suivi du nom de la fonction, d'une liste de paramètres entre parenthèses `()`, et du bloc de code (corps de la fonction) enfermé dans des accolades `{}`.

```
// Syntaxe de déclaration de fonction
function saluerUtilisateur(nom) {
  // 'nom' est un paramètre
  let message = `Bonjour, ${nom} ! Bienvenue.`;
  console.log(message);
}

function calculerAireRectangle(largeur, hauteur) {
  // 'largeur' et 'hauteur' sont des paramètres
  let aire = largeur * hauteur;
  return aire; // *Retourne la valeur calculée*
}
```

- **Mot-clé** `function` : Signale le début d'une définition de fonction.
- **Nom de la Fonction** (`saluerUtilisateur`, `calculerAireRectangle`) : Un nom descriptif suivant les conventions de nommage de variables standard (camel-Case est courant). Ce nom est utilisé pour appeler la fonction plus tard.
- **Paramètres** (`nom`, `largeur`, `hauteur`) : Variables listées à l'intérieur des parenthèses. Ils agissent comme des espaces réservés pour les valeurs d'entrée (arguments) que la fonction recevra lorsqu'elle sera appelée. Une fonction peut avoir zéro ou plusieurs paramètres, séparés par des virgules.
- **Corps de la Fonction** (`{...}`) : Le bloc de code contenant les instructions qui effectuent la tâche de la fonction. Les variables déclarées à l'intérieur du corps de la fonction (comme `message` et `aire` ci-dessus) sont typiquement locales à cette fonction (plus sur la portée plus tard).
- **Instruction** `return` **(optionnelle)** : Spécifie la valeur que la fonction doit renvoyer au code qui l'a appelée. Nous discuterons de `return` en détail sous peu.

Une caractéristique clé des déclarations de fonction est le **hissage** (hoisting). JavaScript déplace conceptuellement les *déclarations* de fonction (mais pas les *expressions* de fonction) vers le haut de leur portée avant l'exécution du code. Cela signifie que vous pouvez techniquement appeler une fonction déclarée de cette manière *avant* que sa définition réelle n'apparaisse dans le code (bien que structurer le code avec les définitions d'abord soit généralement préférable pour la lisibilité). Nous reviendrons sur le hissage au Chapitre 9.

Expressions de Fonction

Une autre manière de définir une fonction est de créer une fonction et de l'assigner à une variable. C'est ce qu'on appelle une expression de fonction.

```
// Syntaxe d'expression de fonction
let direAuRevoir = function(nom) {
  console.log(`Au revoir, ${nom} !`);
}; // *Notez le point-virgule ici, car cela fait partie d'une instruction
d'assignation*

const trouverCarre = function(nombre) {
  return nombre * nombre;
};
```

Ici, la fonction elle-même n'a pas nécessairement de nom juste après le mot-clé `function` (ce qui en fait une **fonction anonyme**). À la place, la variable (`direAuRevoir`, `trouverCarre`) détient une référence à la fonction, et vous utilisez ce nom de variable pour l'appeler.

- `let/const/var` : Vous utilisez les mots-clés de déclaration de variable standard.
- **Nom de la Variable** (`direAuRevoir`, `trouverCarre`) : C'est ainsi que vous vous référerez à la fonction.
- `=` : L'opérateur d'assignation.
- `function(...)  {...}` : La définition de la fonction elle-même (souvent anonyme).

Les expressions de fonction ne sont **pas hissées** de la même manière que les déclarations. Bien que la déclaration de variable (`let direAuRevoir;`) puisse être hissée (selon `let/const/var`), l'*assignation* de la fonction ne se produit que lorsque l'exécution atteint cette ligne. Cela signifie que vous **ne pouvez pas** appeler une fonction définie via une expression *avant* la ligne où elle est définie.

Déclaration vs. Expression - Laquelle utiliser ? Les deux sont valides et largement utilisées.

- Les déclarations sont souvent plus simples pour les fonctions nommées simples et bénéficient du hissage (ce qui peut parfois être utile, parfois déroutant).
- Les expressions sont puissantes, permettant aux fonctions d'être traitées comme n'importe quelle autre valeur – assignées à des variables, passées comme arguments à d'autres fonctions, etc. Elles sont essentielles pour des concepts comme les callbacks et les closures (que nous aborderons plus tard).
- De nombreux développeurs JavaScript modernes penchent vers l'utilisation d'expressions de fonction (surtout avec `const`) ou la nouvelle syntaxe des

Fonctions Fléchées (couverte au Chapitre 18) car elles peuvent offrir un comportement de portée plus clair avec `let` et `const`.

Pour l'instant, comprenez que les deux formes existent et comment leur définition de base diffère.

Appeler (Invoquer) des Fonctions

Définir une fonction n'exécute pas son code. Cela crée juste la recette. Pour exécuter réellement le code à l'intérieur du corps de la fonction, vous devez **appeler** (ou **invoquer**) la fonction. Vous faites cela en utilisant le nom de la fonction (ou le nom de la variable contenant l'expression de fonction) suivi de parenthèses `()`.

```
// Définir les fonctions (en utilisant des déclarations ici)
function afficherSalutation() {
  console.log("Bonjour !");
}

function additionnerNombres(nb1, nb2) {
  let somme = nb1 + nb2;
  console.log(`La somme est : ${somme}`);
}

// Appeler les fonctions
afficherSalutation(); // *Exécute le code à l'intérieur de afficherSalutation*
additionnerNombres(5, 7);  // *Exécute additionnerNombres, passant 5 et 7 comme
arguments*

// *Sortie :*
// Bonjour !
// La somme est : 12
```

Lorsque vous appelez une fonction, l'exécution du programme saute du point d'appel dans le corps de la fonction, exécute les instructions à l'intérieur, puis (généralement) retourne au point juste après l'endroit où la fonction a été appelée.

Paramètres et Arguments

Les fonctions deviennent beaucoup plus polyvalentes lorsque vous pouvez leur passer des informations.

- **Paramètres** : Ce sont les variables listées dans les parenthèses de la définition de la fonction (`function nomFonction(param1, param2) {...}`). Ils agissent comme des espaces réservés nommés à l'intérieur de la fonction, attendant de recevoir des valeurs.

- **Arguments** : Ce sont les valeurs réelles que vous fournissez lorsque vous *appelez* la fonction (nomFonction(arg1, arg2)).

Lorsque vous appelez une fonction, les arguments que vous passez sont assignés aux paramètres correspondants en fonction de leur ordre.

```
function presenterAnimal(typeAnimal, nomAnimal) {
  // 'typeAnimal' et 'nomAnimal' sont des paramètres
  console.log(`J'ai un ${typeAnimal} nommé ${nomAnimal}.`);
}

// Appeler la fonction avec des arguments
presenterAnimal("chat", "Moustache"); // *"chat" est assigné à typeAnimal,
"Moustache" à nomAnimal*
presenterAnimal("chien", "Buddy");    // *"chien" est assigné à typeAnimal,
"Buddy" à nomAnimal*

// *Sortie :*
// J'ai un chat nommé Moustache.
// J'ai un chien nommé Buddy.
```

Que se passe-t-il si le nombre d'arguments ne correspond pas au nombre de paramètres ?

- **Trop Peu d'Arguments** : Si vous passez moins d'arguments que de paramètres, les paramètres qui ne reçoivent pas d'argument se voient attribuer la valeur par défaut undefined.

```
function montrerDetails(nom, age) {
  console.log(`Nom : ${nom}, Age : ${age}`);
}
montrerDetails("Alice"); // *Le paramètre 'age' ne reçoit aucun
argument*
// *Sortie : Nom : Alice, Age : undefined*
```

- **Trop d'Arguments** : Si vous passez plus d'arguments que de paramètres, les arguments supplémentaires sont généralement ignorés (bien qu'ils soient accessibles via un objet spécial arguments à l'intérieur de la fonction, qui est moins couramment utilisé en JS moderne).

```
function montrerDetails(nom, age) {
```

```
        console.log(`Nom : ${nom}, Age : ${age}`);
    }
    montrerDetails("Bob", 35, "Ingénieur"); // *L'argument "Ingénieur" est
    ignoré*
    // *Sortie : Nom : Bob, Age : 35*
```

Retourner des Valeurs

De nombreuses fonctions effectuent un calcul ou une tâche et doivent renvoyer un résultat *vers* le code qui les a appelées. Cela se fait en utilisant l'instruction `return`.

Lorsqu'une instruction `return` est exécutée à l'intérieur d'une fonction :

1. La fonction arrête immédiatement son exécution (même s'il y a plus de code après le `return`).
2. La valeur spécifiée après le mot-clé `return` est renvoyée comme résultat de l'appel de fonction.

```
function multiplier(nb1, nb2) {
  let produit = nb1 * nb2;
  return produit; // *Renvoyer le produit calculé*

  // *Le code ici ne s'exécuterait jamais car il est après return*
  // console.log("Calcul terminé !");
}

function formaterNomUtilisateur(prenom, nom) {
    if (!prenom || !nom) {
        return "Nom invalide fourni"; // *Retourner tôt si l'entrée est
mauvaise*
    }
    return `${nom}, ${prenom}`; // *Retourner la chaîne formatée*
}

// Appeler les fonctions et stocker leurs valeurs de retour
let resultat = multiplier(6, 7);
console.log(resultat); // *Sortie : 42*

let nomFormate1 = formaterNomUtilisateur("Brendan", "Eich");
console.log(nomFormate1); // *Sortie : Eich, Brendan*

let nomFormate2 = formaterNomUtilisateur("Ada"); // *Nom de famille manquant*
console.log(nomFormate2); // *Sortie : Nom invalide fourni*
```

Que se passe-t-il si une fonction n'a pas d'instruction return, ou juste return; ? Si une fonction atteint sa fin sans exécuter une instruction return qui spécifie une valeur, elle retourne implicitement undefined.

```javascript
function logMessage(message) {
  console.log(message);
  // *Aucune instruction return explicite*
}

let valeurRetournee = logMessage("Test de la valeur de retour"); // *Affiche
"Test de la valeur de retour"*
console.log(valeurRetournee); // *Sortie : undefined*
```

Ainsi, les fonctions qui sont principalement utilisées pour effectuer une action (comme l'enregistrement dans la console ou la modification du DOM) peuvent ne pas avoir d'instruction return explicite, retournant implicitement undefined. Les fonctions conçues pour calculer une valeur *doivent* utiliser return pour rendre cette valeur disponible.

Paramètres par Défaut

Avant ES6, la gestion des cas où les arguments pouvaient ne pas être passés impliquait souvent de vérifier si un paramètre était undefined à l'intérieur de la fonction et d'assigner manuellement une valeur par défaut. Le JavaScript moderne (ES6+) rend cela beaucoup plus facile avec les **paramètres par défaut**.

Vous pouvez spécifier une valeur par défaut directement dans la liste des paramètres en utilisant l'opérateur d'assignation (=). Si un argument n'est pas fourni pour ce paramètre lors de l'appel de la fonction (ou si undefined est explicitement passé), la valeur par défaut sera utilisée à la place.

```javascript
function saluer(nom = "Invité", salutation = "Bonjour") {
  // *'Invité' est la valeur par défaut pour nom, 'Bonjour' pour salutation*
  console.log(`${salutation}, ${nom} !`);
}

saluer("Alice", "Salut"); // *Sortie : Salut, Alice !*
saluer("Bob");            // *Utilise la salutation par défaut : Sortie : Bonjour,
Bob !*
saluer(undefined, "Bon matin"); // *Utilise le nom par défaut : Sortie : Bon
matin, Invité !*
```

```
saluer();                // *Utilise les deux valeurs par défaut : Sortie :
Bonjour, Invité !*
```

Les paramètres par défaut rendent les définitions de fonction plus propres et plus robustes lorsqu'il s'agit d'arguments optionnels.

Comprendre la Portée des Fonctions (Introduction)

Où les variables déclarées à l'intérieur d'une fonction peuvent-elles être accédées ? Cela est lié au concept de **portée** (scope), qui définit la visibilité et l'accessibilité des variables.

Une règle fondamentale est : **Les variables déclarées à l'intérieur d'une fonction (en utilisant** `let`, `const` **ou** `var`**) sont généralement locales à cette fonction.** Elles ne peuvent pas être accédées depuis l'extérieur de la fonction.

```
function calculer() {
  let varLocale = 100; // *Variable locale*
  const varConstante = 200;
  console.log(`Dans la fonction : ${varLocale}, ${varConstante}`);
}

calculer(); // *Sortie : Dans la fonction : 100, 200*

// *Tenter d'accéder aux variables locales en dehors de la fonction provoquera
une erreur :*
// console.log(varLocale); // *ReferenceError: varLocale is not defined*
// console.log(varConstante); // *ReferenceError: varConstante is not defined*
```

Cette portée locale est cruciale. Elle empêche les noms de variables utilisés à l'intérieur d'une fonction d'interférer accidentellement avec des variables du même nom utilisées ailleurs dans votre programme. Chaque fonction crée son propre espace de travail privé.

Inversement, les fonctions *peuvent* typiquement accéder aux variables déclarées dans leur **portée externe** (l'environnement où la fonction a été définie). C'est ce qu'on appelle la **portée lexicale**.

```
let messageGlobal = "Je suis global !";
```

```
function afficherMessages() {
  let messageLocal = "Je suis local !";
  console.log(messageLocal);  // *Accède à sa propre variable locale*
  console.log(messageGlobal); // *Accède à la variable de la portée externe
(globale)*
}

afficherMessages();
// *Sortie :*
// Je suis local !
// Je suis global !
```

La portée est un concept critique pour comprendre comment les variables se comportent en JavaScript, en particulier avec les fonctions imbriquées et les closures. Nous n'avons fait qu'effleurer la surface ici. **Le Chapitre 9 sera entièrement consacré à l'exploration de la Portée et du Hissage (Hoisting) beaucoup plus en détail.**

Résumé du Chapitre

Ce chapitre s'est concentré sur les **Fonctions**, les blocs de construction pour créer du code réutilisable et organisé en JavaScript. Nous avons établi *pourquoi* les fonctions sont essentielles, en soulignant le **principe DRY** et les avantages comme la réutilisabilité, l'organisation et la maintenabilité. Nous avons appris les deux principales manières de définir des fonctions : les **déclarations de fonction** (qui sont hissées) et les **expressions de fonction** (assignées à des variables, non hissées). Nous avons vu comment **appeler** des fonctions en utilisant des parenthèses () et comment leur passer des données en utilisant des **paramètres** (dans la définition) et des **arguments** (dans l'appel). Le rôle crucial de l'instruction return pour renvoyer des valeurs *hors* des fonctions a été expliqué, ainsi que le concept des fonctions retournant implicitement undefined. Nous avons également exploré les **paramètres par défaut** modernes pour gérer proprement les arguments optionnels. Enfin, nous avons eu un aperçu introductif de la **portée des fonctions**, établissant que les variables déclarées à l'intérieur des fonctions sont typiquement locales, tandis que les fonctions peuvent accéder aux variables de leurs portées externes.

Vous comprenez maintenant comment définir et utiliser des fonctions pour structurer efficacement votre code. Cependant, la brève introduction à la portée a laissé entrevoir des interactions plus complexes entre les fonctions et les variables. Dans le prochain chapitre, nous nous plongerons dans les règles régissant la **Portée et le Hissage** en JavaScript, clarifiant exactement où vivent les variables et les fonctions et comment JavaScript traite leurs déclarations. Cette connaissance est vitale pour prévenir les bugs et écrire du code prévisible.

9

Portée et Hissage (Scope and Hoisting)

Au Chapitre 8, nous avons appris à créer des blocs de code réutilisables avec les fonctions. Nous avons vu que les variables déclarées à l'intérieur d'une fonction sont généralement locales à cette fonction. Mais comment JavaScript sait-il exactement quelles variables sont accessibles où ? Pourquoi une fonction peut-elle parfois utiliser des variables définies en dehors d'elle ? Et vous êtes-vous déjà demandé si l'endroit *où* dans votre code vous déclarez une variable ou une fonction a de l'importance ?

Ces questions tournent autour de deux concepts fondamentaux en JavaScript : la **Portée (Scope)** et le **Hissage (Hoisting)**. La portée détermine la visibilité et l'accessibilité des variables et des fonctions dans différentes parties de votre code. Le hissage décrit comment JavaScript traite les déclarations *avant* que le code ne soit réellement exécuté. Comprendre ces concepts n'est pas seulement académique ; c'est crucial pour écrire du code JavaScript correct, prévisible et sans bug. Mal comprendre la portée et le hissage est une source fréquente d'erreurs, surtout pour les débutants. Démêlons ces mystères.

Qu'est-ce que la Portée ?

Pensez à la portée comme à l'ensemble des règles qui déterminent où les variables, les fonctions et les objets sont accessibles au sein de votre code en cours d'exécution. C'est comme les règles de visibilité dans un bâtiment : quelqu'un dans le hall d'entrée (portée globale) pourrait être visible par beaucoup, tandis que quelqu'un dans un bureau privé (portée de fonction) n'est visible qu'à l'intérieur de ce bureau, et quelqu'un dans une salle de réunion spécifique à l'intérieur de ce bureau (portée de bloc) pourrait n'être visible que là.

La portée définit la "durée de vie" et l'accessibilité des variables. Elle empêche les variables dans différentes parties de votre programme d'entrer en collision ou d'interférer les unes avec les autres si elles partagent le même nom. Il existe différents types de portée en JavaScript, principalement :

1. **Portée Globale**
2. **Portée de Fonction**
3. **Portée de Bloc**

Examinons chacune d'elles.

Portée Globale

Toute variable ou fonction déclarée *en dehors* de toute fonction ou bloc ({}) réside dans la **portée globale**. Les variables dans la portée globale sont accessibles depuis *n'importe où* dans votre code JavaScript – à l'intérieur des fonctions, à l'intérieur des blocs, partout.

```
// 'nomAppli' est dans la portée globale
let nomAppli = "Mon Appli Géniale";
const versionAppli = "1.0";

function afficherInfosAppli() {
  console.log(`Exécution de ${nomAppli}, version ${versionAppli}`); // *Peut
accéder aux globales*

  // 'plateforme' est locale à cette fonction (Portée de Fonction)
  let plateforme = "Navigateur Web";
  console.log(`Plateforme : ${plateforme}`);
}

if (true) {
```

```
    // 'estSupporte' est locale à ce bloc (Portée de Bloc si utilise let/const)
    let estSupporte = true;
    console.log(`${nomAppli} est supporté ? ${estSupporte}`); // *Peut accéder à
la globale*
}

afficherInfosAppli();
// *console.log(plateforme); // Erreur ! plateforme n'est pas définie
globalement*
// *console.log(estSupporte); // Erreur ! estSupporte n'est pas définie
globalement*
```

Dans un environnement de navigateur, les variables globales déclarées avec `var` (mais pas `let` ou `const`) deviennent également des propriétés de l'objet global `window`.

```
var varGlobale = "Je suis sur window !";
let letGlobale = "Je ne suis pas directement sur window.";

console.log(window.varGlobale); // *Sortie : Je suis sur window !*
console.log(window.letGlobale); // *Sortie : undefined*
```

Le Danger de la Portée Globale : Bien qu'un accès facile puisse sembler pratique, avoir trop de variables dans la portée globale est généralement considéré comme une mauvaise pratique ("polluer la portée globale"). Pourquoi ?

- **Collisions de Noms** : Différents scripts ou parties de votre application pourraient accidentellement utiliser le même nom de variable globale, écrasant les valeurs les unes des autres et provoquant un comportement inattendu.
- **Maintenabilité** : Il devient plus difficile de suivre où une variable globale est utilisée ou modifiée, ce qui rend le débogage difficile.

Les pratiques modernes de JavaScript (comme l'utilisation de modules, que nous verrons au Chapitre 16) encouragent fortement à minimiser l'utilisation de la portée globale.

Portée de Fonction

Avant l'introduction de `let` et `const` en ES6, JavaScript avait principalement la **portée de fonction**. Cela signifie que les variables déclarées en utilisant le mot-clé `var` *à l'intérieur* d'une fonction ne sont accessibles qu'au sein de cette fonction et de toutes les fonctions imbriquées à l'intérieur. Elles ne peuvent pas être accédées depuis l'extérieur de la fonction.

```
function calculerTotal(prix, quantite) {
  // 'total' et 'tauxTaxe' sont locales à cette fonction
  var total = prix * quantite;
  var tauxTaxe = 0.08;
  var totalAvecTaxe = total + (total * tauxTaxe);

  console.log(`Total avec taxe : ${totalAvecTaxe}`);

  function logCalcul() { // *Fonction imbriquée*
      console.log(`Calculé ${total} avant taxe.`); // *Peut accéder à 'total'*
  }
  logCalcul();

  return totalAvecTaxe;
}

let prixFinal = calculerTotal(50, 2);
console.log(`Prix Final : ${prixFinal}`);

// *Ceci provoquerait des erreurs :*
// console.log(total); // ReferenceError: total is not defined
// console.log(tauxTaxe); // ReferenceError: tauxTaxe is not defined
```

Chaque fonction crée sa propre "bulle" de portée. Cette encapsulation est une bonne chose – elle maintient le fonctionnement interne d'une fonction contenu et empêche les interférences avec le monde extérieur.

Portée de Bloc

ES6 a introduit let et const, et avec eux est venue la **portée de bloc**. Un bloc est toute section de code enfermée dans des accolades {}. Cela inclut les instructions if, les boucles for, les boucles while, et même les blocs autonomes.

Les variables déclarées avec let ou const sont limitées au **bloc englobant le plus proche**. Elles ne sont accessibles *qu'à l'intérieur* de ce bloc et de tous les blocs imbriqués.

```
let message = "Hors du bloc";

if (true) {
  // 'varBlocLet' et 'varBlocConst' ont une portée de bloc
  let varBlocLet = "Dans le bloc (let)";
  const varBlocConst = "Dans le bloc (const)";
  var varBlocVar = "Dans le bloc (var)"; // 'var' ignore la portée de bloc !
```

```
    console.log(varBlocLet);    // *Accessible*
    console.log(varBlocConst); // *Accessible*
    console.log(varBlocVar);    // *Accessible*
    console.log(message);        // *Accessible (depuis la portée externe)*
}

console.log(message); // *Sortie : Hors du bloc*

// *Ceci cause des erreurs car let/const ont une portée de bloc :*
// console.log(varBlocLet); // ReferenceError: varBlocLet is not defined
// console.log(varBlocConst); // ReferenceError: varBlocConst is not defined

// *Mais 'var' déclaré à l'intérieur du bloc EST accessible à l'extérieur
(portée de fonction) !*
console.log(varBlocVar); // *Sortie : Dans le bloc (var)* - Souvent inattendu !
```

Cette différence est cruciale, surtout dans les boucles :

```
// Utilisation de let (portée de bloc) - Préféré
for (let i = 0; i < 3; i++) {
  console.log(`Dans la boucle (let) : ${i}`);
}
// console.log(`Hors de la boucle (let) : ${i}`); // ReferenceError: i is not
defined

// Utilisation de var (portée de fonction) - Moins Préféré
for (var j = 0; j < 3; j++) {
    console.log(`Dans la boucle (var) : ${j}`);
}
console.log(`Hors de la boucle (var) : ${j}`); // *Sortie : 3 (j a "fuité" hors
de la boucle)*
```

Le comportement de portée de bloc de let et const est généralement considéré comme beaucoup plus intuitif et aide à prévenir les bugs causés par des variables qui "fuient" hors des blocs où elles étaient censées être temporaires. C'est une raison majeure pour laquelle let et const sont préférés à var en JavaScript moderne.

Portée Lexicale (Chaînes de Portées)

Comment JavaScript trouve-t-il une variable lorsque vous l'utilisez ? Il utilise la **portée lexicale** (aussi appelée portée statique). Cela signifie que l'accessibilité des variables est déterminée par la *position* des variables et des blocs de portée *dans le code source* lorsqu'il est écrit, et non par l'endroit d'où la fonction est appelée.

Lorsque votre code tente d'accéder à une variable, JavaScript suit ces étapes :

1. Il cherche la variable dans la **portée actuelle** (par ex., à l'intérieur de la fonction ou du bloc en cours d'exécution).
2. S'il ne trouve pas la variable là, il cherche dans la **portée externe immédiate** (la fonction ou le bloc qui contient l'actuel).
3. S'il ne la trouve toujours pas, il continue de chercher vers l'extérieur à travers les portées externes successives.
4. Cela continue jusqu'à ce qu'il atteigne la **portée globale**.
5. Si la variable n'est pas trouvée même dans la portée globale, une `ReferenceError` se produit généralement (sauf si vous lui assignez une valeur sans `let`/`const`/`var` en mode non strict, ce qui crée une globale accidentelle – une autre raison de l'éviter !).

Cette séquence de portées imbriquées forme une **chaîne de portées** (scope chain).

```
let varGlobale = "Globale";

function fonctionExterne() {
  let varExterne = "Externe";

  function fonctionInterne() {
    let varInterne = "Interne";

    console.log(varInterne);    // *Trouvée dans la portée de fonctionInterne*
    console.log(varExterne);    // *Pas dans interne, trouvée dans la portée de
fonctionExterne*
    console.log(varGlobale);  // *Pas dans interne ou externe, trouvée dans la
portée globale*
  }

  fonctionInterne();
  // console.log(varInterne); // Erreur ! Impossible d'accéder à varInterne
depuis la portée externe
}

fonctionExterne();

// *Sortie :*
// Interne
// Externe
// Globale
```

La portée lexicale garantit qu'une fonction "se souvient" de l'environnement (la chaîne de portées) dans lequel elle a été créée, indépendamment de l'endroit où elle est exécutée plus tard. Ce principe est fondamental pour comprendre les closures, un sujet plus avancé lié aux fonctions qui se souviennent de leur état environnant.

Hissage (Hoisting)

Maintenant, abordons cet autre comportement déroutant : il semble parfois que vous puissiez utiliser une variable ou une fonction *avant* que sa déclaration n'apparaisse dans le code. Cela se produit à cause du **hissage** (hoisting).

Avant que votre code JavaScript ne soit exécuté ligne par ligne, le moteur JavaScript effectue d'abord un passage à travers le code pour trouver toutes les *déclarations* de variables et de fonctions et les "hisse" (remonte) conceptuellement en haut de leur portée conteneur (globale, fonction, ou bloc pour `let`/`const`).

Important : Le hissage ne déplace que les **déclarations**, pas les **initialisations** ou les assignations.

Voyons comment le hissage affecte différemment `var`, `let`/`const`, et les fonctions.

Hissage de `var`

Les déclarations utilisant `var` sont hissées en haut de leur portée de fonction (ou portée globale) et sont automatiquement initialisées avec la valeur `undefined`.

```
console.log(maVar); // *Sortie : undefined (Déclaration hissée, initialisée
undefined)*

var maVar = "Bonjour !";

console.log(maVar); // *Sortie : Bonjour ! (L'assignation se produit ici)*

// Ce que JavaScript fait conceptuellement :
/*
var maVar; // Déclaration hissée et initialisée undefined
console.log(maVar);
maVar = "Bonjour !"; // L'assignation reste en place
console.log(maVar);
*/
```

Accéder à maVar avant l'assignation ne provoque pas d'erreur, mais donne `undefined`, ce qui peut parfois masquer des bugs.

Hissage de `let` et `const`

Les déclarations utilisant `let` et `const` sont **également hissées** en haut de leur portée de *bloc*. Cependant, contrairement à var, elles ne sont **pas** initialisées avec une valeur quelconque (`undefined` ou autre).

Il existe une période entre le début du bloc et la ligne réelle où la variable `let` ou `const` est déclarée. Pendant cette période, la variable se trouve dans la **Zone Morte Temporelle (Temporal Dead Zone - TDZ)**. Tenter d'accéder à la variable dans la TDZ entraîne une `ReferenceError`.

```
// console.log(monLet); // ReferenceError: Cannot access 'monLet' before
initialization

let monLet = "Je suis initialisé maintenant."; // La TDZ se termine ici pour
monLet

console.log(monLet); // *Sortie : Je suis initialisé maintenant.*

if (true) {
  // La TDZ pour constanteBloc commence ici
  // console.log(constanteBloc); // ReferenceError ! Toujours dans la TDZ

  const constanteBloc = "Initialisé dans le bloc"; // La TDZ se termine ici pour
constanteBloc
  console.log(constanteBloc); // *Sortie : Initialisé dans le bloc*
}
```

La TDZ est en fait une bonne chose ! Elle vous empêche d'utiliser accidentellement une variable avant sa déclaration et son initialisation prévues, rendant le code plus robuste et plus facile à raisonner. Elle impose une discipline : déclarez avant d'utiliser.

Hissage de Fonction

La façon dont les fonctions sont hissées dépend de la manière dont elles sont définies :

1. **Déclarations de Fonction** : Celles-ci sont entièrement hissées. Le nom de la fonction *et* son implémentation sont déplacés en haut de leur portée. Cela signifie que vous pouvez appeler une fonction déclarée de cette manière *avant* que sa définition n'apparaisse dans le code.

   ```
   fonctionDeclaree(); // *Fonctionne ! Sortie : J'ai été déclarée !*
   ```

```
function fonctionDeclaree() {
  console.log("J'ai été déclarée !");
}

// Conceptuellement :
/*
function fonctionDeclaree() { // Déclaration ET définition hissées
  console.log("J'ai été déclarée !");
}
fonctionDeclaree();
*/
```

2. **Expressions de Fonction** : Seule la partie *déclaration de variable* est hissée (suivant les règles de var, let, ou const). L'assignation réelle de la fonction reste là où elle est. Par conséquent, vous **ne pouvez pas** appeler une expression de fonction avant la ligne où elle est assignée.

```
// expressionVar(); // TypeError: expressionVar is not a function (si
déclaré avec var)
                    // ReferenceError: Cannot access 'expressionLet'
before initialization (si let)

var expressionVar = function() {
  console.log("Je suis une expression (var) !");
};

const expressionConst = function() {
  console.log("Je suis une expression (const) !");
};

expressionVar();   // *Fonctionne maintenant*
expressionConst(); // *Fonctionne maintenant*
```

Cette différence est une raison clé pour laquelle l'emplacement des définitions de fonction est important, en particulier lors de l'utilisation d'expressions de fonction.

Implications Pratiques & Meilleures Pratiques

Comprendre la portée et le hissage vous aide à écrire un meilleur code et à déboguer les problèmes plus efficacement.

- **Évitez les Variables Globales** : Minimisez la pollution de la portée globale. Utilisez des modules ou enveloppez le code dans des fonctions pour créer des portées locales.
- **Préférez `let` et `const` à `var`** : La portée de bloc et la TDZ conduisent à un code plus prévisible et moins sujet aux erreurs. Utilisez `const` par défaut pour les variables qui ne seront pas réassignées.
- **Déclarez Avant Utilisation** : Même si le hissage existe, déclarez toujours vos variables (`let`, `const`, `var`) et fonctions en haut de leur portée pertinente (bloc ou fonction) avant de les utiliser. Cela rend le code plus clair et évite les erreurs TDZ.
- **Comprenez les Différences de Hissage de Fonction** : Soyez conscient que les déclarations de fonction peuvent être appelées avant la définition, tandis que les expressions de fonction ne le peuvent pas. Choisissez le style de définition qui correspond à vos besoins et maintenez la cohérence.

Résumé du Chapitre

Dans ce chapitre, nous avons démystifié la **Portée (Scope)** et le **Hissage (Hoisting)**. Nous avons appris que la portée dicte la visibilité des variables et des fonctions, en différenciant la **portée globale**, la **portée de fonction** (principalement pour `var`), et la **portée de bloc** (introduite par `let` et `const`). Nous avons exploré la **portée lexicale** et la **chaîne de portées**, qui déterminent comment JavaScript recherche les variables en cherchant vers l'extérieur depuis la portée actuelle. Nous avons ensuite abordé le **hissage**, le comportement de JavaScript consistant à déplacer conceptuellement les déclarations vers le haut de leur portée. Nous avons vu comment les déclarations `var` sont hissées et initialisées à `undefined`, tandis que `let` et `const` sont hissées mais restent non initialisées dans la **Zone Morte Temporelle (TDZ)** jusqu'à leur ligne de déclaration, provoquant une `ReferenceError` si accédées trop tôt. Nous avons également contrasté le hissage complet des **déclarations de fonction** avec le hissage partiel (déclaration de variable uniquement) des **expressions de fonction**. Enfin, nous avons établi des meilleures pratiques comme privilégier `let`/`const`, éviter les globales, et déclarer avant d'utiliser.

Avec une solide compréhension de la façon dont JavaScript gère la visibilité des variables et les déclarations, vous êtes maintenant équipé pour écrire du code plus complexe et fiable. La prochaine étape logique est d'appliquer ces connaissances pour interagir avec l'environnement où JavaScript s'exécute le plus couramment : le navigateur web. Au Chapitre 10, nous nous plongerons dans le **Modèle Objet du Document**

(DOM), apprenant comment JavaScript peut accéder et manipuler dynamiquement le contenu, la structure et le style des pages web.

10
Le DOM

Jusqu'à présent, notre parcours JavaScript s'est concentré sur les mécanismes fondamentaux du langage lui-même – stocker des données dans des variables, effectuer des opérations, prendre des décisions avec des conditions et répéter des tâches avec des boucles. Nous avons construit une base solide. Mais JavaScript prend véritablement vie lorsqu'il commence à interagir avec son environnement le plus courant : le navigateur web. Comment JavaScript change-t-il ce que vous voyez sur une page web, réagit-il à vos clics ou met-il à jour le contenu dynamiquement ? La réponse réside dans le **Modèle Objet du Document**, ou **DOM**. Ce chapitre est votre porte d'entrée pour comprendre comment JavaScript se connecte et manipule les documents HTML, transformant les pages statiques en expériences interactives.

Qu'est-ce que le DOM ?

Imaginez que vous avez construit une maison en utilisant des plans (votre code HTML). Le HTML définit la structure : murs, portes, fenêtres, pièces. Maintenant, vous voulez interagir avec cette maison terminée – peut-être peindre un mur, ouvrir une fenêtre ou ajouter un nouveau meuble. Vous avez besoin d'un moyen de représenter la structure de la maison *par programmation* afin de pouvoir cibler des parties spécifiques.

Le **Modèle Objet du Document (DOM)** est précisément cette représentation pour les pages web. Lorsqu'un navigateur web charge un document HTML, il ne se contente pas de l'afficher ; il crée une structure logique en forme d'arbre en mémoire qui représente tous les éléments, attributs et contenu textuel de cette page. Cette structure est le DOM. C'est une **Interface de Programmation d'Application (API)** – un ensemble de règles et d'objets – qui permet aux langages de programmation comme JavaScript d'accéder et de manipuler le contenu, la structure et le style du document HTML.

Pensez au DOM comme à un **arbre vivant** :

- Le document lui-même est la racine de l'arbre.
- Chaque balise HTML (comme `<html>`, `<body>`, `<h1>`, `<p>`, `<div>`) devient un **nœud** (spécifiquement, un *nœud élément*) dans l'arbre, se ramifiant à partir de son parent.
- Le contenu textuel à l'intérieur des éléments devient également des nœuds (*nœuds texte*).
- Les attributs des éléments (comme `id`, `class`, `src`, `href`) sont également représentés, souvent comme des propriétés des nœuds éléments.

JavaScript ne modifie pas directement le fichier HTML brut. Au lieu de cela, il interagit avec cette structure d'arbre DOM dans la mémoire du navigateur. Toute modification apportée par JavaScript à l'arbre DOM est ensuite instantanément reflétée dans ce que l'utilisateur voit sur la page rendue.

```
<!-- HTML Simple -->
<!DOCTYPE html>
<html>
<head>
    <title>Ma Page</title>
</head>
<body>
    <h1>Bienvenue !</h1>
    <p id="intro">Ceci est un paragraphe.</p>
    <ul>
        <li>Article 1</li>
        <li>Article 2</li>
    </ul>
</body>
</html>
```

Le navigateur analyserait ce HTML et créerait un arbre DOM quelque chose comme ceci (simplifié) :

```
Document
```

```
└─ html
   ├─ head
   │  ├─ #text ("\n     ")
   │  ├─ title
   │  │  └─ #text ("Ma Page")
   │  └─ #text ("\n")
   └─ body
      ├─ #text ("\n     ")
      ├─ h1
      │  └─ #text ("Bienvenue !")
      ├─ #text ("\n     ")
      ├─ p (id="intro")
      │  └─ #text ("Ceci est un paragraphe.")
      ├─ #text ("\n     ")
      ├─ ul
      │  ├─ #text ("\n        ")
      │  ├─ li
      │  │  └─ #text ("Article 1")
      │  ├─ #text ("\n        ")
      │  ├─ li
      │  │  └─ #text ("Article 2")
      │  └─ #text ("\n     ")
      └─ #text ("\n")
```

JavaScript obtient l'accès à cet arbre et peut le parcourir, sélectionner des nœuds spécifiques (comme le paragraphe avec id="intro"), et les modifier.

L'Objet document

Le point d'entrée pour interagir avec le DOM est l'objet global document, qui est automatiquement fourni par l'environnement du navigateur. Cet objet représente l'ensemble du document HTML chargé dans la fenêtre ou l'onglet du navigateur. Il contient de nombreuses propriétés et méthodes pour accéder et manipuler la page.

Vous pouvez explorer cet objet directement dans la console de développement de votre navigateur (Chapitre 1). Essayez de taper document et d'appuyer sur Entrée. Vous verrez une représentation de la structure DOM de la page actuelle.

Toutes nos interactions avec le DOM commenceront typiquement avec l'objet document.

Sélectionner des Éléments de la Page

Avant de pouvoir changer un élément, le styler ou lire son contenu, vous devez d'abord le *sélectionner* – obtenir une référence à ce nœud spécifique dans l'arbre DOM. JavaScript fournit plusieurs méthodes attachées à l'objet document (et parfois à d'autres nœuds éléments) à cette fin.

Utilisons cet exemple HTML pour nos exemples :

```html
<!DOCTYPE html>
<html lang="fr">
<head>
    <title>Sélection DOM</title>
</head>
<body>
    <h1 id="titre-principal">Apprendre la Sélection DOM</h1>
    <p class="contenu intro">Ceci est le paragraphe d'introduction.</p>
    <p class="contenu">Ceci est un autre paragraphe.</p>
    <div>
        <p>Paragraphe dans un div.</p>
    </div>
    <ul id="liste-articles">
        <li class="article">Pomme</li>
        <li class="article important">Banane</li>
        <li class="article">Cerise</li>
    </ul>

    <script src="appli.js"></script>
</body>
</html>
```

Maintenant, dans notre fichier `appli.js` :

getElementById(id)

C'est une méthode classique et très efficace si l'élément que vous voulez a un attribut id unique. Elle retourne un **unique nœud élément** correspondant à cet ID, ou null si aucun élément avec cet ID n'est trouvé. Rappelez-vous, les ID *doivent* être uniques au sein d'une page.

```javascript
// Sélectionner l'élément h1 en utilisant son ID
const elementTitre = document.getElementById('titre-principal');

// Sélectionner l'élément ul
```

```
const elementListe = document.getElementById('liste-articles');

console.log(elementTitre); // *Affiche l'objet élément <h1>*
console.log(elementListe);    // *Affiche l'objet élément <ul>*

// Essayer de sélectionner un ID inexistant
const elementManquant = document.getElementById('inexistant');
console.log(elementManquant); // *Sortie : null*
```

getElementsByTagName(nomBalise)

Cette méthode sélectionne tous les éléments avec le nom de balise HTML spécifié (par ex., 'p', 'li', 'div'). Elle retourne une **HTMLCollection dynamique** des éléments trouvés. Une HTMLCollection est un objet semblable à un tableau (mais pas un vrai tableau). "Dynamique" signifie que si des éléments avec ce nom de balise sont ajoutés ou supprimés du DOM *après* que vous ayez sélectionné la collection, la collection se mettra automatiquement à jour.

```
// Sélectionner tous les éléments paragraphe
const tousParagraphes = document.getElementsByTagName('p');
console.log(tousParagraphes); // *Affiche une HTMLCollection de tous les
éléments <p>*
console.log(tousParagraphes.length); // *Sortie : 3 (dans notre exemple)*

// Accéder à un paragraphe spécifique (rappelez-vous, c'est comme un tableau,
indexé à zéro)
console.log(tousParagraphes[0]); // *Affiche le premier élément <p>*
console.log(tousParagraphes[1].textContent); // *Sortie : Ceci est un autre
paragraphe.*
```

getElementsByClassName(nomClasse)

Similaire à getElementsByTagName, celle-ci sélectionne tous les éléments qui ont le nom de classe CSS spécifié. Elle retourne également une **HTMLCollection dynamique**.

```
// Sélectionner tous les éléments avec la classe 'article'
const articlesListe = document.getElementsByClassName('article');
console.log(articlesListe); // *Affiche une HTMLCollection des éléments <li>*
console.log(articlesListe.length); // *Sortie : 3*

// Sélectionner les éléments avec la classe 'contenu'
```

```
const parasContenu = document.getElementsByClassName('contenu');
console.log(parasContenu); // *Affiche une HTMLCollection [p.contenu.intro,
p.contenu]*
console.log(parasContenu.length); // *Sortie : 2*
```

querySelector(selecteurCss)

C'est une méthode moderne très puissante et polyvalente. Elle accepte une chaîne de sélecteur CSS (le même genre que vous utilisez dans vos fichiers CSS !) et retourne le **premier élément** dans le document qui correspond au sélecteur. Si aucune correspondance n'est trouvée, elle retourne null. Elle est souvent préférée car vous pouvez utiliser n'importe quel sélecteur CSS valide, facilitant les sélections complexes.

```
// Sélectionner le premier paragraphe (correspond au sélecteur de balise 'p')
const premierPara = document.querySelector('p');
console.log(premierPara); // *Affiche le premier élément <p>*

// Sélectionner l'élément avec l'ID 'titre-principal' (en utilisant le sélecteur
d'ID #)
const titreEncore = document.querySelector('#titre-principal');
console.log(titreEncore); // *Affiche l'élément <h1>*

// Sélectionner le premier élément avec la classe 'article' (en utilisant le
sélecteur de classe .)
const premierArticle = document.querySelector('.article');
console.log(premierArticle); // *Affiche le premier élément <li>*

// Sélectionner le premier élément avec la classe 'important' à l'intérieur de
l'élément avec l'ID 'liste-articles'
const articleImportant = document.querySelector('#liste-articles .important');
console.log(articleImportant); // *Affiche le <li> avec la classe 'important'*

// Sélectionner un paragraphe à l'intérieur d'un div
const paraDansDiv = document.querySelector('div p');
console.log(paraDansDiv); // *Affiche le <p> à l'intérieur du <div>*

// Sélectionner un élément qui n'existe pas
const inexistant = document.querySelector('.manquant');
console.log(inexistant); // *Sortie : null*
```

querySelectorAll(selecteurCss)

Similaire à `querySelector`, mais elle retourne **tous** les éléments dans le document qui correspondent au sélecteur CSS fourni. Elle retourne une **NodeList statique**. Une NodeList est également semblable à un tableau, mais elle est généralement "statique", ce qui signifie qu'elle ne se mettra pas automatiquement à jour si le DOM change après la sélection (contrairement à une HTMLCollection dynamique). Les NodeLists ont également des méthodes intégrées utiles comme `forEach` (qui manquent souvent aux HTMLCollections, bien que cela change dans les navigateurs modernes).

```javascript
// Sélectionner tous les éléments paragraphe
const tousParasEncore = document.querySelectorAll('p');
console.log(tousParasEncore); // *Affiche une NodeList de tous les éléments <p>*
console.log(tousParasEncore.length); // *Sortie : 3*

// Sélectionner tous les éléments avec la classe 'article'
const tousArticles = document.querySelectorAll('.article');
console.log(tousArticles); // *Affiche une NodeList des éléments <li>*

// Vous pouvez facilement itérer sur une NodeList en utilisant forEach
tousArticles.forEach(function(item, index) {
  console.log(`Article ${index}: ${item.textContent}`);
});
/* Sortie :
Article 0: Pomme
Article 1: Banane
Article 2: Cerise
*/
```

Recommandation : Pour la plupart des développements modernes, `querySelector` (pour les éléments uniques) et `querySelectorAll` (pour les éléments multiples) sont souvent les choix les plus pratiques et puissants en raison de leur capacité à utiliser n'importe quel sélecteur CSS. Utilisez `getElementById` lorsque vous avez spécifiquement besoin de l'avantage de performance de la sélection par un ID unique.

Manipuler des Éléments

Une fois que vous avez sélectionné un nœud élément et que vous l'avez stocké dans une variable, vous pouvez commencer à le manipuler !

Changer le Contenu

Il existe deux propriétés principales pour changer le contenu *à l'intérieur* d'un élément :

- **textContent** : Obtient ou définit le *contenu textuel* d'un élément et de tous ses descendants, en ignorant toutes les balises HTML. Il traite le contenu purement comme du texte. C'est généralement **plus sûr** et souvent plus rapide lorsque vous n'avez besoin de travailler qu'avec du texte brut.

```
const paraIntro = document.querySelector('.intro');
console.log(paraIntro.textContent); // *Sortie : Ceci est le paragraphe
d'introduction.*

// Changer le contenu textuel
paraIntro.textContent = "Bienvenue dans la section de manipulation du
DOM !";
console.log(paraIntro.textContent); // *Sortie : Bienvenue dans la
section de manipulation du DOM !*

// Si vous définissez textContent avec des balises HTML, elles sont
traitées comme du texte littéral
paraIntro.textContent = "Ce texte est <strong>important</strong>.";
// *Le paragraphe affichera littéralement "Ce texte est
<strong>important</strong>."*
```

- **innerHTML** : Obtient ou définit le *contenu HTML* (balisage) à l'intérieur d'un élément. Le navigateur analyse la chaîne que vous fournissez comme du HTML. C'est nécessaire si vous avez besoin d'insérer ou de modifier la structure HTML à l'intérieur d'un élément.

```
const liste = document.getElementById('liste-articles');
console.log(liste.innerHTML);
/* Sortie (approximative) :
   <li class="article">Pomme</li>
   <li class="article important">Banane</li>
   <li class="article">Cerise</li>
*/

// Changer le contenu HTML
liste.innerHTML = '<li class="nouveau">Premier nouvel article</li><li
class="nouveau">Second nouvel article</li>';
console.log(liste.innerHTML);
/* Sortie :
```

```
    <li class="nouveau">Premier nouvel article</li><li
  class="nouveau">Second nouvel article</li>
  */
```

Avertissement de Sécurité : Soyez extrêmement prudent lorsque vous définissez `innerHTML` en utilisant du contenu provenant d'entrées utilisateur ou de sources externes. Si le contenu contient des balises `<script>` malveillantes ou autre HTML nuisible, le définir via `innerHTML` peut exécuter ce script, entraînant des vulnérabilités de Cross-Site Scripting (XSS). **Assainissez ou échappez toujours le contenu externe avant de l'utiliser avec** `innerHTML`. Préférez `textContent` chaque fois que vous ne traitez que du texte.

Changer les Styles

Vous pouvez manipuler directement les styles en ligne d'un élément en utilisant sa propriété `style`. La propriété `style` elle-même est un objet, où chaque propriété correspond à une propriété CSS.

Important : Les propriétés CSS avec des tirets (kebab-case) comme `background-color` ou `font-size` sont converties en camelCase en JavaScript (par ex., `background-Color`, `fontSize`).

```
const titre = document.getElementById('titre-principal');

// Changer la couleur
titre.style.color = 'blue';

// Changer la couleur de fond (kebab-case en camelCase)
titre.style.backgroundColor = 'lightgray';

// Changer la taille de la police
titre.style.fontSize = '3em'; // *La valeur doit être une chaîne, incluant les
unités*

// Ajouter du padding
titre.style.padding = '10px';

// Supprimer un style en le définissant sur une chaîne vide
titre.style.padding = '';
```

Bien que la manipulation directe des styles fonctionne, elle définit des *styles en ligne* (`<h1 style="...">`), qui peuvent être plus difficiles à gérer et à surcharger que l'utilisation de classes CSS. Pour des changements de style plus importants ou des styles réutilisables, il est souvent préférable de définir des classes CSS dans votre feuille de style, puis d'utiliser JavaScript pour **ajouter ou supprimer ces classes** de l'élément en utilisant la propriété `classList` (par ex., `element.classList.add('active')`, `element.classList.remove('highlight')`).

Modifier les Attributs

Vous pouvez lire, définir et supprimer des attributs HTML (comme `id`, `class`, `src`, `href`, `alt`, etc.) en utilisant des méthodes dédiées :

- `getAttribute(nomAttribut)` : Retourne la valeur actuelle de l'attribut spécifié sous forme de chaîne, ou `null` si l'attribut n'existe pas.
- `setAttribute(nomAttribut, valeur)` : Ajoute un nouvel attribut ou change la valeur d'un attribut existant. La valeur est typiquement une chaîne.
- `removeAttribute(nomAttribut)` : Supprime l'attribut spécifié de l'élément.

```javascript
const paraIntro = document.querySelector('.intro');

// Obtenir l'attribut class
let classesActuelles = paraIntro.getAttribute('class');
console.log(classesActuelles); // *Sortie : contenu intro*

// Définir l'attribut 'data-status' (attribut de données personnalisé)
paraIntro.setAttribute('data-status', 'mis-a-jour');

// Ajouter un attribut ID
paraIntro.setAttribute('id', 'introduction');

// Changer l'attribut class
paraIntro.setAttribute('class', 'contenu intro-maj');

console.log(paraIntro.getAttribute('data-status')); // *Sortie : mis-a-jour*
console.log(paraIntro.getAttribute('id')); // *Sortie : introduction*

// Supprimer l'attribut data-status
paraIntro.removeAttribute('data-status');
console.log(paraIntro.getAttribute('data-status')); // *Sortie : null*
```

Accès Direct aux Propriétés : Pour de nombreux attributs HTML standards courants (`id`, `className`, `src`, `href`, `value`, etc.), JavaScript fournit également des propriétés directes sur le nœud élément que vous pouvez accéder et modifier plus facilement.

```
const titre = document.getElementById('titre-principal');
const liste = document.getElementById('liste-articles');

// Accéder directement à l'ID
console.log(titre.id); // *Sortie : titre-principal*

// Modifier directement l'ID
titre.id = 'nouveau-titre-principal';
console.log(titre.id); // *Sortie : nouveau-titre-principal*

// Accéder au(x) nom(s) de classe sous forme de chaîne
console.log(liste.className); // *Sortie : (Peut être vide si défini
initialement via classList)*

// Définir le(s) nom(s) de classe directement (écrase les classes existantes)
liste.className = 'articles active';
console.log(liste.className); // *Sortie : articles active*
```

Bien que pratique, l'accès direct aux propriétés peut se comporter légèrement différemment de `getAttribute`/`setAttribute` pour certains attributs (en particulier les attributs booléens ou ceux impliquant des URL). Utiliser `getAttribute`/`setAttribute` est parfois plus cohérent, notamment pour les attributs personnalisés. Pour gérer les classes, utiliser `element.classList` est généralement l'approche moderne recommandée.

Créer et Ajouter des Éléments

Le DOM n'est pas statique ; JavaScript peut créer de tout nouveaux éléments HTML à partir de zéro et les insérer dans la structure de la page.

Le flux de travail typique est :

1. **Créer** le nouveau nœud élément en utilisant `document.createElement(nom-Balise)`.
2. **Configurer** le nouvel élément (définir son contenu, ses attributs, ses styles).
3. **Ajouter** le nouvel élément à un élément existant dans l'arbre DOM.

```
// 1. Créer un nouvel élément de liste
const nouvelElementListe = document.createElement('li'); // *Crée un <li></li>
vide*

// 2. Configurer le nouvel élément
nouvelElementListe.textContent = 'Durian'; // *Définir son contenu textuel*
```

```
nouvelElementListe.setAttribute('class', 'article exotique'); // *Définir sa
classe*
// *Alternativement : nouvelElementListe.className = 'article exotique';*
// *Ou mieux : nouvelElementListe.classList.add('article', 'exotique');*

// 3. Ajouter le nouvel élément à la liste existante
const listeArticles = document.getElementById('liste-articles');
listeArticles.appendChild(nouvelElementListe); // *Ajoute le nouveau <li> à la
fin du <ul>*

// Ajoutons-en un autre
const autreArticle = document.createElement('li');
autreArticle.textContent = 'Mangue';
autreArticle.classList.add('article'); // *Utiliser classList est souvent plus
propre*
listeArticles.appendChild(autreArticle);

console.log(listeArticles.innerHTML); // *Affiche la liste mise à jour avec
Durian et Mangue*
```

- appendChild(noeudEnfant) : Ajoute noeudEnfant comme *dernier* enfant de l'élément parent sur lequel elle est appelée.

D'autres méthodes pour ajouter des nœuds incluent :

- insertBefore(nouveauNoeud, noeudReference) : Insère nouveauNoeud avant noeudReference au sein du parent.
- Des méthodes modernes comme append(), prepend(), before(), after() offrent plus de flexibilité pour ajouter plusieurs nœuds ou du texte directement, mais appendChild est la méthode classique.

Supprimer des Éléments

Vous pouvez également supprimer des éléments du DOM.

removeChild(noeudEnfant) (Classique)

La manière traditionnelle nécessite d'obtenir une référence à l'élément **parent**, puis d'appeler removeChild() sur le parent, en passant l'élément enfant que vous souhaitez supprimer.

```
const liste = document.getElementById('liste-articles');
```

```
const elementASupprimer = document.querySelector('#liste-
articles .important'); // *Sélectionne Banane*

if (liste && elementASupprimer) {
  let supprime = liste.removeChild(elementASupprimer);
  console.log("Élément supprimé :", supprime); // *Affiche l'élément <li>
supprimé*
}

console.log(liste.innerHTML); // *Affiche la liste sans Banane*
```

element.remove() (Moderne)

Un moyen beaucoup plus simple et moderne consiste à appeler la méthode remove() directement sur l'élément que vous souhaitez supprimer.

```
const elementASupprimerDirectement = document.querySelector('#liste-
articles .exotique'); // *Sélectionne Durian*

if (elementASupprimerDirectement) {
  elementASupprimerDirectement.remove(); // *Supprime le li Durian directement*
}

console.log(liste.innerHTML); // *Affiche la liste sans Banane et Durian*
```

element.remove() est généralement préféré pour sa simplicité lorsque la compatibilité des navigateurs le permet (il est largement pris en charge dans les navigateurs modernes).

Introduction aux Événements

Nous avons vu comment sélectionner, modifier, créer et supprimer des éléments, ce qui nous donne un contrôle total sur la structure et l'apparence d'une page *après* son chargement. Mais la vraie magie des pages web dynamiques se produit lorsqu'elles *réagissent* aux actions de l'utilisateur – clics de souris, pressions de touches, soumissions de formulaires, redimensionnement de la fenêtre, etc.

Le DOM fournit un mécanisme pour cela appelé **Événements**. JavaScript peut "écouter" des événements spécifiques se produisant sur des éléments spécifiques. Lorsqu'un événement se produit (comme un clic sur un bouton), une fonction JavaScript prédéfinie (un "gestionnaire d'événements" ou "écouteur d'événement") peut être exécutée automatiquement.

```
// --- Aperçu du Chapitre 11 ---

// Obtenir un élément bouton (supposons que <button id="monBouton">Cliquez
Moi</button> existe)
// const monBouton = document.getElementById('monBouton');

// Ajouter un écouteur d'événement pour l'événement 'click'
// monBouton.addEventListener('click', function() {
//    alert('Le bouton a été cliqué !');
//    // Ou changer un élément du DOM...
// });

// --- Fin de l'Aperçu ---
```

Cette capacité à attacher un comportement aux interactions utilisateur est ce qui comble le fossé entre un document statique et une application interactive.

Résumé du Chapitre

Ce chapitre a introduit le **Modèle Objet du Document (DOM)**, la représentation par le navigateur d'un document HTML sous forme de structure arborescente programmable. Nous avons appris que l'objet global document est notre point d'entrée. Nous avons exploré diverses méthodes pour **sélectionner des éléments** : getElementById, getElementsByTagName, getElementsByClassName, et les polyvalents querySelector et querySelectorAll qui utilisent des sélecteurs CSS. Nous avons ensuite couvert la manipulation des éléments sélectionnés : changer le contenu avec textContent (plus sûr) et innerHTML (puissant mais nécessite de la prudence), modifier les styles en ligne via la propriété style, et gérer les attributs avec getAttribute, setAttribute, removeAttribute, ainsi que l'accès direct aux propriétés. Nous avons également appris à **créer** dynamiquement de nouveaux éléments (createElement), à les configurer, et à les **ajouter** au DOM (appendChild), ainsi qu'à **supprimer** des éléments (removeChild, element.remove()). Enfin, nous avons brièvement introduit le concept d'**Événements**, préparant le terrain pour rendre nos pages véritablement interactives.

Vous possédez maintenant les compétences fondamentales pour lire et modifier des pages web en utilisant JavaScript. La prochaine étape cruciale est d'apprendre à répondre aux actions de l'utilisateur. Au Chapitre 11, nous nous plongerons profondément dans les **Événements**, explorant comment écouter les clics, les pressions de touches, les mouvements de souris, et plus encore, vous permettant de construire des interfaces utilisateur véritablement dynamiques et réactives.

11

Les Événements en Profondeur

Dans le chapitre précédent, nous avons appris à utiliser JavaScript pour trouver et manipuler des éléments sur une page web via le DOM. Nous pouvons maintenant changer du texte, mettre à jour des styles, ajouter de nouveaux éléments et en supprimer d'anciens. C'est puissant, mais ce n'est que la moitié de l'histoire des pages web dynamiques. La véritable interactivité survient lorsque nos pages *réagissent* à ce qui se passe – un utilisateur cliquant sur un bouton, tapant dans un champ, déplaçant la souris, ou même simplement redimensionnant la fenêtre du navigateur. Ces occurrences sont connues sous le nom d'**Événements**. Ce chapitre plonge en profondeur dans la manière dont JavaScript gère les événements, vous permettant d''"écouter" des actions spécifiques et de déclencher du code en réponse, rendant vos pages web véritablement réactives et engageantes.

L'Écouteur d'Événement (Event Listener)

La manière standard et la plus flexible de faire réagir un élément à un événement est d'attacher un **écouteur d'événement** (event listener). Vous sélectionnez l'élément cible (en utilisant les méthodes du Chapitre 10) puis appelez sa méthode `addEventListener()`.

La syntaxe de base est :

```
elementCible.addEventListener(typeEvenement, fonctionEcoute);
```

Décomposons cela :

- elementCible : L'élément DOM spécifique que vous voulez écouter (par ex., un bouton, un paragraphe, l'ensemble du document ou de window).
- addEventListener : La méthode que vous appelez sur cet élément.
- typeEvenement : Une chaîne spécifiant le nom de l'événement que vous voulez écouter (par ex., 'click', 'mouseover', 'keydown'). Il existe de nombreux types d'événements différents, que nous explorerons sous peu. **Note** : Le préfixe 'on' (comme onclick) utilisé dans les anciens attributs HTML ou assignations de propriétés n'est *pas* inclus ici.
- fonctionEcoute : La fonction qui sera exécutée **lorsque l'événement spécifié se produira sur l'élément cible**. Cette fonction est souvent appelée "gestionnaire d'événement" (event handler) ou "fonction de rappel" (callback function). Vous pouvez fournir une référence à une fonction nommée ou définir une fonction anonyme directement (comme nous l'avons vu avec les expressions de fonction au Chapitre 8).

Ajoutons un simple écouteur de clic à un bouton. Supposons que nous ayons ce HTML :

```
<!DOCTYPE html>
<html>
<head><title>Écouteur d'Événement</title></head>
<body>
    <button id="monBouton">Cliquez Moi !</button>
    <p id="zoneMessage"></p>

    <script src="appli.js"></script>
</body>
</html>
```

Et dans appli.js :

```
// 1. Sélectionner les éléments
const bouton = document.getElementById('monBouton');
const zoneMessage = document.getElementById('zoneMessage');

// 2. Définir la fonction d'écoute
```

```
function gererClicBouton() {
  zoneMessage.textContent = 'Le bouton a été cliqué ! Merci !';
  console.log('Clic bouton géré.');
}


// 3. Attacher l'écouteur
bouton.addEventListener('click', gererClicBouton);

// *Vous pourriez aussi utiliser une fonction anonyme directement :*
// bouton.addEventListener('click', function() {
//   zoneMessage.textContent = 'Bouton cliqué via fonction anonyme !';
//   console.log('Gestionnaire clic anonyme exécuté.');
// });
```

Maintenant, chaque fois que vous cliquez sur le bouton "Cliquez Moi !" sur la page, la fonction gererClicBouton s'exécutera, mettant à jour le texte du paragraphe et enregistrant un message dans la console.

Vous pouvez ajouter plusieurs écouteurs pour le même type d'événement à un seul élément, et ils s'exécuteront tous lorsque l'événement se produira.

Note sur les Anciennes Méthodes : Vous pourriez rencontrer d'anciennes manières d'attacher des gestionnaires d'événements, comme définir onclick directement comme attribut HTML (<button onclick="gererClicBouton()">) ou comme propriété en JavaScript (bouton.onclick = gererClicBouton;). Bien que cela fonctionne parfois pour des cas simples, addEventListener est généralement préféré car :

- Il permet d'ajouter plusieurs écouteurs pour le même événement. Définir element.onclick plusieurs fois écrase simplement le gestionnaire précédent.
- Il fournit plus de contrôle sur les phases de gestion des événements (bouillonnement vs capture, discuté plus tard).
- Il aide à garder la logique JavaScript séparée de la structure HTML.

Tenez-vous-en à addEventListener pour le développement moderne.

L'Objet Événement (Event Object)

Lorsqu'un événement se produit et que votre fonction d'écoute est appelée, le navigateur passe automatiquement un objet spécial comme premier argument à votre fonction. C'est l'**objet Événement (Event object)**, et il contient des informations précieuses sur l'événement qui vient de se produire.

Vous devez inclure un paramètre dans la définition de votre fonction d'écoute pour recevoir cet objet (conventionnellement nommé event, evt, ou simplement e).

```
function gererClicBouton(event) { // *Le paramètre 'event' reçoit l'objet
Événement*
  console.log('Objet Événement reçu :', event);

  // Accéder aux propriétés de l'objet événement
  console.log("Type d'événement :", event.type); // *par ex., "click"*
  console.log("Élément qui a déclenché l'événement :", event.target); // *Le
bouton lui-même*
  console.log("Élément auquel l'écouteur est attaché :", event.currentTarget);

  zoneMessage.textContent = `Événement de type "${event.type}" survenu !`;
}

bouton.addEventListener('click', gererClicBouton);
```

Quelques propriétés et méthodes essentielles de l'objet Événement incluent :

- event.type : Une chaîne indiquant le type d'événement qui s'est déclenché (par ex., "click", "mouseover").
- event.target : Une référence à l'élément DOM spécifique qui a **originé** l'événement. C'est crucial pour la délégation d'événement (discutée plus tard). Par exemple, si vous cliquez sur du texte *à l'intérieur* d'un bouton, event.target pourrait être le nœud texte, tandis que currentTarget serait toujours le bouton auquel l'écouteur est attaché.
- event.currentTarget : Une référence à l'élément auquel l'écouteur d'événement est **actuellement attaché** alors que l'événement se propage à travers le DOM. Dans les cas simples sans problèmes de propagation, c'est souvent le même que event.target.
- event.preventDefault() : Une méthode que vous pouvez appeler pour **arrêter** l'action par défaut du navigateur associée à cet événement (le cas échéant). Par exemple, empêcher un lien de naviguer ou un formulaire de se soumettre.
- event.stopPropagation() : Une méthode pour **arrêter** la propagation de l'événement plus loin à travers le DOM (arrête typiquement la phase de "bouillonnement", que nous couvrirons bientôt).
- **Coordonnées (Événements de Souris)** : Des propriétés comme event.clientX, event.clientY fournissent les coordonnées du pointeur de la souris par rapport à la zone visible de la fenêtre du navigateur lorsque l'événement s'est

produit. `event.pageX`, `event.pageY` fournissent les coordonnées par rapport à l'ensemble du document.

- **Informations sur les Touches (Événements de Clavier)** : Des propriétés comme `event.key` (par ex., `"a"`, `"Enter"`, `"Shift"`) et `event.code` (par ex., `"KeyA"`, `"Enter"`, `"ShiftLeft"`) fournissent des détails sur la touche qui a été pressée.

Explorer l'objet événement dans la console (`console.log(event)`) est un excellent moyen de découvrir les informations spécifiques disponibles pour différents types d'événements.

Types d'Événements Courants

Il existe une grande variété d'événements que vous pouvez écouter. Voici quelques catégories et exemples courants :

Événements de Souris

Ceux-ci sont liés aux interactions avec le pointeur de la souris.

- `click` : Déclenché lorsque le bouton principal de la souris est cliqué (pressé et relâché) sur un élément.
- `dblclick` : Déclenché lorsque le bouton principal de la souris est double-cliqué sur un élément.
- `mousedown` : Déclenché lorsque le bouton de la souris est pressé *vers le bas* sur un élément.
- `mouseup` : Déclenché lorsque le bouton de la souris est relâché sur un élément.
- `mouseover` : Déclenché lorsque le pointeur de la souris se déplace *sur* un élément ou l'un de ses enfants.
- `mouseout` : Déclenché lorsque le pointeur de la souris se déplace *hors* d'un élément ou de l'un de ses enfants.
- `mousemove` : Déclenché de manière répétée lorsque le pointeur de la souris se déplace alors qu'il est sur un élément. (À utiliser avec précaution, car il peut se déclencher très fréquemment !).

```
const boite = document.getElementById('boiteSurvol'); // *Supposons <div
id="boiteSurvol"></div>*

boite.addEventListener('mouseover', function(e) {
  e.target.style.backgroundColor = 'lightblue';
```

```
    console.log('Souris entrée dans la boîte !');
});

boite.addEventListener('mouseout', function(e) {
    e.target.style.backgroundColor = 'lightgray'; // *Réinitialiser le fond*
    console.log('Souris sortie de la boîte !');
});
```

Événements de Clavier

Ceux-ci sont liés à l'entrée clavier. Ils sont souvent écoutés sur le document ou des champs de saisie spécifiques.

- keydown : Déclenché lorsqu'une touche est pressée *vers le bas*. Se déclenche de manière répétée si la touche est maintenue enfoncée. Bon pour détecter des actions comme Entrée ou Majuscule.
- keyup : Déclenché lorsqu'une touche est *relâchée*.
- keypress : (Hérité) Déclenché lorsqu'une touche qui produit une valeur de caractère (comme 'a', '5', pas Majuscule ou F1) est pressée vers le bas. Il est généralement recommandé d'utiliser keydown ou keyup à la place pour une meilleure cohérence entre les navigateurs et les méthodes d'entrée.

```
const champSaisie = document.getElementById('maSaisie'); // *Supposons <input
id="maSaisie">*

champSaisie.addEventListener('keydown', function(event) {
    console.log(`Touche pressée : ${event.key} (Code: ${event.code})`);
    if (event.key === 'Enter') {
        console.log('Touche Entrée pressée dans le champ de saisie !');
        // *Peut-être soumettre un formulaire ou effectuer une action*
    }
});
```

Événements de Formulaire

Ceux-ci sont liés aux interactions avec les formulaires HTML et les éléments de formulaire.

- submit : Déclenché sur l'élément <form> lorsque l'utilisateur tente de le soumettre (par ex., en cliquant sur un bouton de soumission ou en appuyant sur Entrée dans un champ). Souvent utilisé avec event.preventDefault() pour effectuer une validation avant d'autoriser la soumission.

- **change** : Déclenché pour les éléments <input>, <select>, et <textarea> lorsque leur valeur est validée par l'utilisateur (par ex., après avoir sélectionné une option de liste déroulante, coché/décoché une case à cocher, ou lorsqu'un champ de saisie perd le focus après que sa valeur a été modifiée).
- **input** : Déclenché **immédiatement** pour les éléments <input> ou <textarea> chaque fois que leur valeur change. Utile pour un retour d'information en temps réel ou un filtrage pendant que l'utilisateur tape.
- **focus** : Déclenché lorsqu'un élément (comme un champ de saisie) reçoit le focus (par ex., l'utilisateur clique dessus ou y accède avec Tab).
- **blur** : Déclenché lorsqu'un élément perd le focus.

```javascript
const monFormulaire = document.getElementById('monFormulaire'); // *Supposons
<form id="monFormulaire">*

monFormulaire.addEventListener('submit', function(event) {
  console.log('Tentative de soumission du formulaire détectée.');
  // *Souvent, vous empêcherez la soumission par défaut pour la gérer avec JS :*
  event.preventDefault();
  console.log('Soumission par défaut du formulaire empêchée.');
  // *Effectuez la validation ou envoyez les données via fetch (Chapitre 17)
ici*
});

const saisieEmail = document.getElementById('email'); // *Supposons <input
id="email">*
saisieEmail.addEventListener('input', function(e) {
    console.log(`Valeur du champ email changée en : ${e.target.value}`);
});
```

Événements de Fenêtre et de Document

Ceux-ci sont liés à la fenêtre du navigateur ou au processus de chargement du document.

- **load** : Déclenché sur l'objet window lorsque la page entière, y compris toutes les ressources (images, feuilles de style, etc.), a complètement fini de charger.
- **DOMContentLoaded** : Déclenché sur l'objet document lorsque le document HTML initial a été complètement chargé et analysé, **sans** attendre que les feuilles de style, les images et les sous-cadres finissent de charger. Cet événement se déclenche souvent beaucoup plus tôt que load et est généralement l'événement préféré pour exécuter du code JavaScript qui doit interagir avec le DOM dès qu'il est prêt.

- `resize` : Déclenché sur l'objet `window` lorsque la fenêtre du navigateur est redimensionnée.
- `scroll` : Déclenché sur le document ou des éléments spécifiques déroulants lorsque l'utilisateur fait défiler. (Comme `mousemove`, peut se déclencher fréquemment).

```
// *Modèle courant : Attendre que le DOM soit prêt avant d'exécuter le JS qui en
a besoin*
document.addEventListener('DOMContentLoaded', function() {
  console.log('DOM entièrement chargé et analysé !');
  // *Il est maintenant sûr de sélectionner et manipuler des éléments*
  const titrePrincipal = document.getElementById('titre-principal');
  if(titrePrincipal) {
      titrePrincipal.style.color = 'purple';
  }
});

window.addEventListener('resize', function() {
    console.log(`Fenêtre redimensionnée à : ${window.innerWidth}x$
{window.innerHeight}`);
});
```

Propagation des Événements

Que se passe-t-il si vous avez des éléments imbriqués, et que l'élément intérieur et un élément extérieur ont tous deux des écouteurs pour le même type d'événement (comme 'click') ? Quel écouteur s'exécute en premier ? Ceci est régi par la **propagation des événements**.

Les événements voyagent à travers le DOM en deux phases principales :

1. **Phase de Capture** : L'événement descend l'arbre DOM depuis `window` jusqu'à `document`, puis jusqu'aux éléments parents, et atteint finalement `event.target` (l'élément où l'événement a pris naissance). Les écouteurs attachés pour la phase de capture s'exécutent pendant ce trajet descendant.
2. **Phase de Bouillonnement** : Après avoir atteint la cible, l'événement remonte l'arbre DOM depuis `event.target` à travers ses ancêtres, jusqu'à `document` et `window`. Les écouteurs attachés pour la phase de bouillonnement s'exécutent pendant ce trajet ascendant.

Par défaut, `addEventListener` attache les écouteurs pour la phase de bouillonnement. C'est le modèle le plus courant et souvent le plus intuitif.

Imaginez ce HTML :

```html
<div id="divExterieur" style="padding: 30px; background-color: lightblue;">
  Div Extérieur
  <button id="boutonInterieur" style="padding: 10px; background-color:
lightcoral;">
    Bouton Intérieur
  </button>
</div>
```

Et ce JavaScript :

```javascript
const divExterieur = document.getElementById('divExterieur');
const boutonInterieur = document.getElementById('boutonInterieur');

divExterieur.addEventListener('click', function(event) {
  console.log('Div Extérieur Cliqué ! Cible :', event.target.id);
});

boutonInterieur.addEventListener('click', function(event) {
  console.log('Bouton Intérieur Cliqué ! Cible :', event.target.id);
});
```

Si vous cliquez sur le **Bouton Intérieur** :

1. L'événement click prend naissance sur le bouton (`event.target` est `boutonIn-terieur`).
2. L'écouteur de clic du bouton s'exécute : "Bouton Intérieur Cliqué ! Cible : boutonInterieur".
3. L'événement **remonte** (bouillonne) jusqu'à `divExterieur`.
4. L'écouteur de clic de `divExterieur` s'exécute : "Div Extérieur Cliqué ! Cible : boutonInterieur" (notez que `event.target` est toujours le bouton où le clic a pris naissance).

Arrêter la Propagation : Parfois, vous voulez gérer un événement sur un élément intérieur et l'empêcher de déclencher des écouteurs sur les éléments ancêtres. Vous pouvez le faire en appelant `event.stopPropagation()` à l'intérieur de l'écouteur de l'élément intérieur.

```javascript
boutonInterieur.addEventListener('click', function(event) {
  console.log('Bouton Intérieur Cliqué (propagation arrêtée) !');
  event.stopPropagation(); // *Arrêter la remontée de l'événement*
});
```

```
// *Maintenant, si vous cliquez sur le bouton intérieur, seul l'écouteur du
bouton s'exécute.*
// *L'écouteur de la div extérieure ne s'exécutera PAS pour les clics sur le
bouton.*
```

Phase de Capture (Moins Courant) : Vous pouvez attacher explicitement un écouteur à la phase de capture en passant `true` ou `{ capture: true }` comme troisième argument à `addEventListener`. Les écouteurs de capture s'exécutent *avant* les écouteurs de bouillonnement. C'est moins fréquemment nécessaire mais peut être utile dans des scénarios spécifiques comme l'interception précoce d'événements.

```
// *Écouteur attaché pour s'exécuter pendant la phase de capture*
// divExterieur.addEventListener('click', function(event) {
//    console.log('Div Extérieur Cliqué (Phase de Capture)');
// }, true);
```

Empêcher les Actions par Défaut du Navigateur

Comme mentionné, certains éléments HTML ont des comportements de navigateur intégrés associés à des événements spécifiques.

- Cliquer sur un lien (`<a>` avec un `href`) navigue vers cette URL.
- Cliquer sur un bouton de soumission dans un `<form>` soumet les données du formulaire et recharge généralement la page.
- Appuyer sur certaines touches dans les champs de saisie peut déclencher des actions par défaut.

Souvent, vous voulez intercepter ces actions et les gérer avec votre propre logique JavaScript. La méthode `event.preventDefault()` est utilisée pour cela.

Exemple : Validation de Formulaire

```
<form id="formInscription">
  <label for="email">Email :</label>
  <input type="email" id="email" required>
  <p id="erreurEmail" style="color: red; display: none;">Veuillez entrer un
email valide.</p>
  <button type="submit">S'inscrire</button>
```

```
</form>

const formInscription = document.getElementById('formInscription');
const saisieEmail = document.getElementById('email');
const erreurEmail = document.getElementById('erreurEmail');

formInscription.addEventListener('submit', function(event) {
  console.log('Événement submit déclenché.');

  // *Validation simple : vérifier si l'email contient '@'*
  if (!saisieEmail.value.includes('@')) {
    console.log('Validation échouée. Empêchement de la soumission.');
    erreurEmail.style.display = 'block'; // *Afficher le message d'erreur*
    event.preventDefault(); // *EMPÊCHE le formulaire de se soumettre
réellement*
  } else {
    console.log('Validation réussie. Autorisation de la soumission (ou gestion
via JS).');
    erreurEmail.style.display = 'none'; // *Masquer le message d'erreur*
    // *Si vous vouliez soumettre via JavaScript (par ex., en utilisant
fetch) :*
    // event.preventDefault(); // *Toujours empêcher par défaut*
    // *... votre code fetch ici ...*
  }
});
```

En appelant `event.preventDefault()` lorsque la validation échoue, nous arrêtons le processus de soumission de formulaire par défaut du navigateur, nous permettant d'afficher un message d'erreur à la place.

Délégation d'Événement

Considérez une longue liste (`<ul>`) où chaque élément de liste (`<li>`) doit réagir à un clic. Attacher un écouteur d'événement individuel à *chaque* `<li>` peut devenir inefficace, surtout si la liste est très longue ou si des éléments sont fréquemment ajoutés et supprimés dynamiquement.

La **délégation d'événement** offre une solution plus efficace en exploitant le bouillonnement d'événements. Au lieu d'attacher des écouteurs à chaque élément enfant, vous attachez un **unique écouteur** à un élément ancêtre commun (comme le `<ul>` parent).

À l'intérieur de l'écouteur du parent, vous utilisez `event.target` pour déterminer quel élément enfant spécifique a réellement déclenché l'événement.

```
<ul id="liste-parente">
  <li data-id="article-1">Article 1</li>
  <li data-id="article-2">Article 2</li>
  <li data-id="article-3">Article 3</li>
  <!-- Beaucoup plus d'articles... -->
</ul>
<p id="messageDelegation"></p>

const listeParente = document.getElementById('liste-parente');
const msgDelegation = document.getElementById('messageDelegation');

// Attacher UN SEUL écouteur au UL parent
listeParente.addEventListener('click', function(event) {
  console.log(`Clic détecté dans UL. Cible :`, event.target);

  // *Vérifier si l'élément cliqué (event.target) est réellement un LI*
  if (event.target.tagName === 'LI') {
    // *Ou vérifier s'il a une classe spécifique : if
(event.target.classList.contains('article'))*

    // *Accéder aux données du LI cliqué*
    const articleId = event.target.getAttribute('data-id') ||
event.target.textContent;

    msgDelegation.textContent = `Vous avez cliqué sur l'article de liste : $
{articleId}`;

    // *Optionnellement, arrêter la propagation si nécessaire*
    // event.stopPropagation();
  } else {
      msgDelegation.textContent = `Vous avez cliqué dans l'UL, mais pas sur un
article.`;
  }
});

// *Si vous ajoutez plus tard d'autres LIs dynamiquement en utilisant JS, cet
écouteur*
// *fonctionnera automatiquement pour eux aussi !*
// const nouvelArticle = document.createElement('li');
// nouvelArticle.textContent = 'Article 4 (ajouté plus tard)';
// listeParente.appendChild(nouvelArticle);
```

Avantages de la Délégation d'Événement :

- **Performance** : Moins d'écouteurs d'événements attachés signifie moins d'utilisation de mémoire et de temps de configuration.

- **Simplicité** : Plus facile à gérer un seul écouteur que potentiellement des centaines.
- **Éléments Dynamiques** : Fonctionne automatiquement pour les éléments ajoutés au parent *après* l'attachement de l'écouteur, sans avoir besoin d'ajouter explicitement de nouveaux écouteurs.

La délégation d'événement est un modèle puissant et courant dans la gestion des événements JavaScript.

Résumé du Chapitre

Ce chapitre a éclairé le monde des **Événements** en JavaScript, la clé pour créer des expériences web interactives. Nous avons appris à attacher des **écouteurs d'événement** en utilisant addEventListener(typeEvenement, fonctionEcoute) pour faire réagir les éléments aux occurrences. Nous avons exploré l'**objet Événement** crucial, passé automatiquement aux fonctions d'écoute, qui fournit des détails vitaux sur l'événement (event.type, event.target). Nous avons passé en revue les **types d'événements courants** dans des catégories comme les événements de souris, de clavier, de formulaire et de fenêtre. Le concept de **propagation des événements** (bouillonnement et capture) a été expliqué, montrant comment les événements voyagent à travers le DOM et comment event.stopPropagation() peut arrêter ce processus. Nous avons appris à utiliser event.preventDefault() pour outrepasser les comportements par défaut du navigateur pour des éléments comme les liens et les formulaires. Enfin, nous avons découvert le modèle efficace de **délégation d'événement**, où un seul écouteur sur un élément parent peut gérer les événements pour de nombreux éléments enfants en inspectant event.target.

Vous pouvez maintenant faire répondre vos pages web aux actions de l'utilisateur, comblant le fossé entre les documents statiques et les applications dynamiques. Cependant, de nombreuses interactions web ne sont pas instantanées. Des actions comme récupérer des données d'un serveur, attendre une entrée utilisateur au fil du temps, ou régler des minuteurs impliquent des délais. JavaScript a besoin d'un moyen de gérer ces opérations différées sans geler le navigateur. Dans le prochain chapitre, nous commencerons à explorer le **JavaScript Asynchrone**, en commençant par l'approche traditionnelle utilisant les fonctions de rappel (callbacks).

12

JavaScript Asynchrone et Callbacks

Au cours des deux derniers chapitres, nous avons appris à donner vie aux pages web. Nous pouvons sélectionner des éléments avec le DOM (Chapitre 10) et les faire réagir aux interactions utilisateur en utilisant les événements (Chapitre 11). Cliquer sur un bouton peut maintenant déclencher une fonction qui change le texte ou les styles – tout semble instantané. Cependant, de nombreuses opérations web courantes ne sont *pas* instantanées.

Pensez à ces scénarios :

- Récupérer des données utilisateur depuis un serveur distant via Internet.
- Attendre qu'un utilisateur télécharge un fichier volumineux.
- Définir un minuteur pour exécuter un morceau de code après quelques secondes.
- Lire des données depuis le stockage local de l'ordinateur.

Ces tâches prennent du temps, allant de millisecondes à potentiellement plusieurs secondes, voire minutes. Comment JavaScript, que nous avons vu s'exécuter ligne par ligne, gère-t-il ces délais sans faire geler tout le navigateur ? Ce chapitre introduit le concept fondamental de la **programmation asynchrone** en JavaScript et explore le mécanisme traditionnel utilisé pour la gérer : les **fonctions de rappel (callback functions)**.

Code Synchrone vs. Asynchrone

Pour comprendre les opérations asynchrones, clarifions d'abord ce que signifie **synchrone**. La plupart du code que nous avons écrit jusqu'à présent était synchrone.

- **Exécution Synchrone** : Le code s'exécute ligne par ligne, une instruction à la fois. Chaque instruction doit se terminer avant que la suivante puisse commencer. Si une instruction prend beaucoup de temps à se terminer, l'ensemble du programme attend.

  Pensez-y comme à une route à une seule voie – une voiture doit passer un point avant que la suivante ne puisse le faire. Ou imaginez passer un appel téléphonique – vous attendez que l'autre personne réponde et termine la conversation avant de pouvoir faire autre chose.

  ```
  console.log("Première Tâche : Démarrage");
  // *Imaginez une tâche synchrone longue ici*
  // *par ex., un calcul complexe (difficile à bien simuler)*
  // *for (let i = 0; i < 1_000_000_000; i++) { /* travail intensif */ }*
  console.log("Deuxième Tâche : Terminé la première tâche (bloquante).");
  console.log("Troisième Tâche : Tout est fait.");
  ```

  Dans un code véritablement synchrone, "Deuxième Tâche" ne s'imprimerait pas tant que la tâche longue ne serait pas complètement terminée.

- **Exécution Asynchrone** : Permet au programme d'initier une tâche qui pourrait prendre du temps (comme récupérer des données) puis de *passer* à la ligne de code suivante *sans attendre* que la tâche initiée se termine. Lorsque la tâche longue se termine enfin, un mécanisme (comme une fonction de rappel) est utilisé pour gérer son résultat ou notifier le programme.

  Pensez à commander de la nourriture à un comptoir où l'on vous donne un bipeur. Vous passez votre commande (initier la tâche), puis vous pouvez aller vous asseoir ou discuter avec des amis (passer à d'autres tâches). Quand la nourriture est prête (la tâche se termine), le bipeur sonne (notification), et vous allez chercher votre nourriture (gérer le résultat). La clé est que vous n'êtes pas resté bloqué à attendre au comptoir tout le temps.

  ```
  console.log("Première Tâche : Commande de nourriture (démarrage tâche
  asynchrone)");

  // *setTimeout simule une opération asynchrone qui prend du temps*
  ```

```
setTimeout(function() {
    // *Cette fonction (le callback) s'exécute PLUS TARD*
    console.log("Tâche Asynchrone Terminée : La nourriture est
prête !");
}, 2000); // *2000 millisecondes = 2 secondes de délai*

console.log("Deuxième Tâche : J'ai mon bipeur, je fais autre chose...");
console.log("Troisième Tâche : J'attends toujours la nourriture, mais
pas bloqué.");

// *Ordre de Sortie :*
// Première Tâche : Commande de nourriture (démarrage tâche asynchrone)
// Deuxième Tâche : J'ai mon bipeur, je fais autre chose...
// Troisième Tâche : J'attends toujours la nourriture, mais pas bloqué.
// (après ~2 secondes)
// Tâche Asynchrone Terminée : La nourriture est prête !
```

Notez comment les deuxième et troisième tâches s'impriment *avant* que la tâche asynchrone ne se termine. Le programme n'a pas attendu.

Le Problème du Code Bloquant

Pourquoi cette distinction est-elle si importante, en particulier dans les navigateurs web ? JavaScript dans le navigateur (en ce qui concerne principalement les mises à jour de l'interface utilisateur) s'exécute sur un **thread unique**. Pensez à ce thread comme à un seul travailleur responsable de tout gérer : exécuter votre code JavaScript, mettre à jour ce que l'utilisateur voit à l'écran (rendu HTML et CSS), et répondre aux interactions utilisateur (comme les clics et le défilement).

Si vous exécutez une tâche **synchrone** longue sur ce thread unique, le travailleur est complètement occupé par cette tâche. Pendant qu'il est occupé, il **ne peut rien faire d'autre**. Cela conduit à :

- **Interface Utilisateur (UI) Gelée** : La page devient non réactive. Les boutons ne réagissent pas aux clics, les animations s'arrêtent, le défilement cesse.
- **Mauvaise Expérience Utilisateur** : Les utilisateurs voient une page bloquée et pourraient penser que le site web ou même leur navigateur a planté.
- **Avertissements "Navigateur ne répond pas"** : Le navigateur lui-même peut détecter que la page est bloquée et inviter l'utilisateur à attendre ou à fermer la page.

Considérez la fonction intégrée alert(). Bien que simple, c'est en fait une fonction *synchrone* et bloquante.

```
console.log("Avant l'alerte");
alert("Ceci bloque tout ! Cliquez sur OK pour continuer."); // *L'UI gèle ici*
console.log("Après l'alerte"); // *Ceci ne s'exécute qu'après le clic sur OK*
```

Bien qu'alert soit un exemple évident, toute opération JavaScript synchrone qui prend un temps significatif (calculs complexes, traitement synchrone de grandes quantités de données) peut causer le même problème de blocage.

Par conséquent, les opérations qui impliquent intrinsèquement une attente (comme les requêtes réseau, les minuteurs, les E/S de fichiers) **doivent** être gérées de manière asynchrone en JavaScript pour garder le thread principal libre et l'interface utilisateur réactive.

Opérations Asynchrones en Action

Revisitons setTimeout, une fonction intégrée du navigateur qui illustre parfaitement le modèle asynchrone.

Syntaxe : setTimeout(fonctionRappel, delaiEnMillisecondes)

- fonctionRappel : La fonction à exécuter *après* le délai.
- delaiEnMillisecondes : Le temps minimum (en millisecondes) à attendre avant d'exécuter le rappel. 1000ms = 1 seconde.

```
console.log("Début du programme");

setTimeout(function rapporterPlusTard() {
  // *Ceci est la fonction de rappel*
  console.log("Minuteur terminé après 1.5 secondes !");
}, 1500); // *Attendre 1.5 secondes*

console.log("setTimeout demandé, mais le programme continue...");

setTimeout(function rapporterPlusTot() {
  console.log("Minuteur terminé après 0.5 secondes !");
}, 500); // *Attendre 0.5 secondes*

console.log("Fin du programme");

// *Ordre de Sortie Attendu :*
// Début du programme
// setTimeout demandé, mais le programme continue...
// Fin du programme
```

```
// (après ~0.5 secondes)
// Minuteur terminé après 0.5 secondes !
// (après ~1.5 secondes depuis le début)
// Minuteur terminé après 1.5 secondes !
```

Points clés à retenir de `setTimeout` :

1. Appeler `setTimeout` ne met **pas** en pause l'exécution du programme. Il planifie simplement l'exécution de `fonctionRappel` pour plus tard.
2. Le code suivant l'appel `setTimeout` s'exécute immédiatement.
3. Les fonctions de rappel ne s'exécutent qu'après que leurs délais respectifs soient écoulés *et* que le thread JavaScript principal soit libre.

Comment cela fonctionne-t-il en coulisses ? (Vue Simplifiée) Les navigateurs gèrent les opérations asynchrones en utilisant une **boucle d'événements (event loop)** et une **file d'attente de rappels (callback queue)**.

- Lorsque vous appelez `setTimeout`, le mécanisme de minuterie du navigateur prend note du rappel et du délai.
- Votre code JavaScript principal continue de s'exécuter.
- Lorsque le minuteur se termine, le navigateur place la `fonctionRappel` dans la file d'attente des rappels.
- La **boucle d'événements** vérifie continuellement si la pile d'exécution principale de JavaScript est vide.
- Si la pile est vide *et* qu'il y a une fonction en attente dans la file d'attente des rappels, la boucle d'événements prend la fonction de la file et la pousse sur la pile d'exécution, l'exécutant.

Ce mécanisme garantit que les rappels asynchrones n'interrompent pas le code synchrone en cours d'exécution et ne s'exécutent que lorsque le thread principal est disponible, maintenant l'interface utilisateur réactive. Vous n'avez pas besoin de gérer directement la boucle d'événements, mais comprendre son existence aide à clarifier pourquoi le code asynchrone se comporte ainsi.

Fonctions de Rappel (Callback Functions)

Nous avons vu `setTimeout` utiliser une fonction passée en argument (un rappel) pour exécuter du code plus tard. Ce modèle – passer une fonction à appeler une fois l'opération terminée – est l'idée centrale derrière la gestion asynchrone traditionnelle en JavaScript.

Simulons une fonction qui "récupère" des données utilisateur de manière asynchrone.

```javascript
function recupererDonneesUtilisateur(idUtilisateur, rappel) {
  console.log(`Récupération des données pour l'utilisateur $
{idUtilisateur}...`);

  // *Simuler un délai réseau*
  setTimeout(function() {
    // *Simuler la recherche des données*
    const donneesUtilisateur = {
        id: idUtilisateur,
        nom: `Utilisateur ${idUtilisateur}`,
        email: `utilisateur${idUtilisateur}@example.com`
    };
    console.log(`Données trouvées pour l'utilisateur ${idUtilisateur}.`);

    // *Exécuter la fonction de rappel, en lui passant les données*
    rappel(donneesUtilisateur);
  }, 1000); // *Simuler un délai de 1 seconde*
}

// *Définir la fonction pour gérer les données une fois qu'elles arrivent*
function afficherDonneesUtilisateur(utilisateur) {
  console.log("--- Données Utilisateur Reçues ---");
  console.log(`Nom : ${utilisateur.nom}`);
  console.log(`Email : ${utilisateur.email}`);
  console.log("--------------------------------");
}

// *Appeler recupererDonneesUtilisateur, en fournissant
afficherDonneesUtilisateur comme rappel*
console.log("Demande des données utilisateur...");
recupererDonneesUtilisateur(123, afficherDonneesUtilisateur);
console.log("Requête envoyée, en attente des données...");

// *Sortie :*
// Demande des données utilisateur...
// Récupération des données pour l'utilisateur 123...
// Requête envoyée, en attente des données...
// (après ~1 seconde)
// Données trouvées pour l'utilisateur 123.
// --- Données Utilisateur Reçues ---
// Nom : Utilisateur 123
// Email : utilisateur123@example.com
// --------------------------------
```

Dans cet exemple :

1. Nous appelons `recupererDonneesUtilisateur`, en passant l'ID utilisateur et la fonction `afficherDonneesUtilisateur`.
2. `recupererDonneesUtilisateur` démarre le délai simulé en utilisant `setTimeout`.
3. Notre code principal continue et affiche "Requête envoyée...".
4. Après le délai, le rappel de `setTimeout` s'exécute à l'intérieur de `recupererDonneesUtilisateur`.
5. Il crée l'objet `donneesUtilisateur`.
6. Crucialement, il appelle ensuite la fonction `rappel` que nous avons fournie à l'origine (`afficherDonneesUtilisateur`), en passant l'objet `donneesUtilisateur` comme argument.
7. `afficherDonneesUtilisateur` s'exécute, enregistrant les informations reçues.

La fonction de rappel agit comme un pont, permettant à l'opération asynchrone (`recupererDonneesUtilisateur`) de livrer son résultat à la partie du code qui en a besoin, une fois que le résultat est prêt.

L'Enfer des Callbacks (Callback Hell)

Les callbacks fonctionnent bien pour des opérations asynchrones simples. Cependant, des problèmes surviennent lorsque vous devez effectuer **plusieurs opérations asynchrones en séquence**, où chaque étape dépend du résultat de la précédente.

Imaginez devoir :

1. Obtenir un ID utilisateur.
2. Utiliser l'ID pour récupérer les détails de l'utilisateur.
3. Utiliser les détails de l'utilisateur pour récupérer ses publications récentes.

En utilisant le modèle de callback, chaque étape impliquerait d'imbriquer l'appel asynchrone suivant à l'intérieur du callback du précédent :

```javascript
function etape1(rappel) {
  console.log("Étape 1 : Obtention de l'ID Utilisateur...");
  setTimeout(() => {
    const idUtilisateur = 5; // *Résultat simulé*
    console.log("Étape 1 Terminée. ID Utilisateur :", idUtilisateur);
    rappel(idUtilisateur); // *Passer le résultat à la fonction de l'étape
suivante*
  }, 500);
}
```

```
function etape2(idUtilisateur, rappel) {
  console.log("Étape 2 : Récupération des Détails pour l'Utilisateur",
idUtilisateur);
  setTimeout(() => {
    const detailsUtilisateur = { nom: "Alice", id: idUtilisateur }; // *Résultat
simulé*
    console.log("Étape 2 Terminée. Détails :", detailsUtilisateur);
    rappel(detailsUtilisateur); // *Passer le résultat à la fonction de l'étape
suivante*
  }, 500);
}

function etape3(detailsUtilisateur, rappel) {
  console.log("Étape 3 : Récupération des Posts pour l'Utilisateur",
detailsUtilisateur.nom);
  setTimeout(() => {
    const publications = ["Post A", "Post B"]; // *Résultat simulé*
    console.log("Étape 3 Terminée. Posts :", publications);
    rappel(publications); // *Passer le résultat au gestionnaire final*
  }, 500);
}

// --- La Structure Imbriquée ---
console.log("Démarrage des opérations asynchrones séquentielles...");

etape1(function(idUtilisateurRecu) { // *Callback pour l'étape 1*
  etape2(idUtilisateurRecu, function(detailsUtilisateurRecus) { // *Callback
pour l'étape 2*
    etape3(detailsUtilisateurRecus, function(publicationsRecues) { // *Callback
pour l'étape 3*
      // *Enfin, gérer le résultat de la dernière étape*
      console.log("--- Toutes les Étapes Terminées ---");
      console.log("Publications Finales :", publicationsRecues);
      console.log("------------------------------");
    });
  });
});

console.log("Toutes les requêtes initiées...");
```

Regardez l'indentation des callbacks ! Cette structure profondément imbriquée est célèbrement connue sous le nom de **Pyramide de l'Enfer (Pyramid of Doom)** ou **Enfer des Callbacks (Callback Hell)**.

Pourquoi l'Enfer des Callbacks est-il problématique ?

- **Lisibilité** : Le code devient très difficile à lire et à suivre le flux logique.

- **Maintenabilité** : Ajouter de nouvelles étapes, modifier celles existantes ou changer l'ordre devient complexe et sujet aux erreurs.
- **Gestion des Erreurs** : Gérer les erreurs de manière cohérente à travers plusieurs callbacks imbriqués devient fastidieux. Vous avez souvent besoin de vérifications d'erreur explicites dans chaque callback.

Bien que des techniques existent pour atténuer légèrement l'enfer des callbacks (comme nommer les fonctions au lieu d'utiliser des anonymes, ou utiliser des bibliothèques d'aide), le problème fondamental de l'imbrication demeure avec le modèle de callback de base pour les opérations asynchrones séquentielles.

Résumé du Chapitre

Ce chapitre a introduit la différence cruciale entre l'exécution **synchrone** (bloquante, l'une après l'autre) et **asynchrone** (non bloquante, se produit plus tard) en JavaScript. Nous avons vu pourquoi la gestion asynchrone des opérations longues est vitale pour maintenir une interface utilisateur réactive dans l'environnement à thread unique du navigateur. Nous avons utilisé setTimeout comme exemple phare d'une API de navigateur qui fonctionne de manière asynchrone. Nous avons ensuite défini les **fonctions de rappel (callbacks)** comme le mécanisme traditionnel pour gérer les résultats ou les notifications des opérations asynchrones une fois qu'elles sont terminées. Enfin, nous avons illustré l'inconvénient majeur de dépendre uniquement des callbacks pour les tâches asynchrones séquentielles : le modèle d'imbrication connu sous le nom de **Pyramide de l'Enfer** ou **Enfer des Callbacks**, qui nuit à la lisibilité et à la maintenabilité.

Les callbacks ont posé les bases de la programmation asynchrone en JavaScript, mais leurs limitations ont ouvert la voie à des approches plus récentes et plus propres. Dans le prochain chapitre, nous explorerons les **Promesses (Promises)**, une fonctionnalité intégrée puissante conçue spécifiquement pour gérer les opérations asynchrones plus efficacement et échapper à la redoutée Pyramide de l'Enfer.

13

Promesses (Promises)

Dans le dernier chapitre, nous avons navigué dans le monde des opérations asynchrones en utilisant les callbacks. Bien que fonctionnels, nous avons vu à quelle vitesse les choses pouvaient s'emmêler, conduisant au tristement célèbre "Pyramide de l'Enfer" ou "Enfer des Callbacks" lorsqu'il s'agit de tâches asynchrones séquentielles. La structure imbriquée rendait le code difficile à lire, à déboguer et sujet aux erreurs. Heureusement, JavaScript a évolué, et un modèle beaucoup plus propre et robuste a émergé pour gérer les opérations asynchrones : les **Promesses (Promises)**. Ce chapitre présente les Promesses, expliquant ce qu'elles sont, comment elles fonctionnent et comment elles nous aident à écrire du code asynchrone qui est significativement plus gérable et lisible.

Que sont les Promesses ?

Pensez à une Promesse comme à un bon pour ("Je vous dois") ou un reçu que vous obtenez lorsque vous commandez quelque chose qui n'est pas prêt immédiatement. Vous n'avez pas encore l'article réel, mais vous avez une *promesse* que vous recevrez éventuellement soit l'article que vous avez commandé (en cas de succès), soit une notification expliquant pourquoi vous n'avez pas pu l'obtenir (si quelque chose s'est mal passé).

En JavaScript, une **Promesse** est un objet qui représente l'*accomplissement (ou l'échec) éventuel* d'une opération asynchrone et sa valeur résultante.

Idées clés :

- Une Promesse agit comme un **espace réservé** pour une valeur qui n'est pas nécessairement connue lors de la création de la Promesse.
- Elle vous permet d'associer des gestionnaires (fonctions de rappel) à la valeur de succès éventuelle ou à la raison d'échec d'une action asynchrone.
- Elle fournit une manière structurée de gérer les résultats et les erreurs asynchrones, évitant l'imbrication profonde.

Au lieu de passer une fonction de rappel directement *dans* la fonction asynchrone comme nous l'avons fait au Chapitre 12 (`recupererDonneesUtilisateur(123, afficherDonneesUtilisateur)`), les fonctions asynchrones qui utilisent des Promesses *retournent* généralement immédiatement un objet Promesse. Vous attachez ensuite vos fonctions de gestion de succès et d'erreur *à cet objet Promesse retourné*.

États d'une Promesse

Une Promesse existe dans l'un des trois états mutuellement exclusifs :

1. **En attente (Pending)** : C'est l'état initial lors de la création de la Promesse. L'opération asynchrone associée à la Promesse n'est pas encore terminée ou n'a pas échoué. La Promesse est "non réglée". Pensez à cela comme attendre votre commande après avoir reçu le reçu.
2. **Accomplie (Fulfilled) ou Résolue (Resolved)** : L'opération asynchrone s'est terminée avec succès. La Promesse a maintenant une valeur résultante. La Promesse est "réglée". Votre commande est prête et livrée !
3. **Rejetée (Rejected)** : L'opération asynchrone a échoué. La Promesse a maintenant une raison pour l'échec (typiquement un objet Error). La Promesse est "réglée". Il y a eu un problème, et on vous dit pourquoi votre commande n'a pas pu être complétée.

Une caractéristique cruciale des Promesses est qu'une fois qu'elles sont "réglées" (soit accomplies, soit rejetées), leur état et leur valeur résultante (ou raison) **ne changent jamais**. Une Promesse ne peut réussir ou échouer qu'une seule fois.

Créer des Promesses (Moins Courant pour les Débutants)

Bien que vous consommerez le plus souvent des Promesses retournées par des API de navigateur intégrées (comme `fetch`) ou des bibliothèques tierces, il est utile de comprendre comment elles sont créées. Vous utilisez le constructeur `Promise` :

```
const maPremierePromesse = new Promise((resolve, reject) => {
  // *À l'intérieur de cette fonction (l'"exécuteur"), vous effectuez votre
opération asynchrone*
  console.log("Fonction exécuteur démarrée... (Opération asynchrone commence)");

  // *Simuler une tâche asynchrone*
  setTimeout(() => {
    const operationReussie = Math.random() > 0.3; // *Simuler succès/échec*

    if (operationReussie) {
      const valeurResultat = "Opération réussie ! Les données sont là.";
      console.log("Opération asynchrone réussie. Résolution de la promesse...");
      resolve(valeurResultat); // *Appeler resolve() en cas de succès, en
passant le résultat*
    } else {
      const raisonErreur = new Error("L'opération a échoué !");
      console.error("Opération asynchrone échouée. Rejet de la promesse...");
      reject(raisonErreur); // *Appeler reject() en cas d'échec, en passant la
raison*
    }
  }, 1500); // *Simuler un délai de 1.5 secondes*
});

console.log("Promesse créée (actuellement en attente).");
```

Le constructeur `Promise` prend un seul argument : une fonction "exécuteur". Cette fonction exécuteur reçoit elle-même deux arguments, qui sont des *fonctions* fournies par le mécanisme des Promesses :

- `resolve(valeur)` : Vous appelez cette fonction lorsque votre opération asynchrone se termine avec succès, en passant la `valeur` résultante. Cela fait passer la Promesse de l'état en attente à accomplie.
- `reject(raison)` : Vous appelez cette fonction lorsque votre opération asynchrone échoue, en passant la `raison` (généralement un objet Error). Cela fait passer la Promesse de l'état en attente à rejetée.

Encore une fois, vous utiliserez typiquement des Promesses retournées par des fonctions comme `fetch()`, sans les créer manuellement comme ceci très souvent lorsque vous débutez.

Consommer des Promesses

Donc, vous avez un objet Promesse (soit un que vous avez créé, soit un retourné par une API). Comment enregistrez-vous le code qui doit s'exécuter lorsque la Promesse est *accomplie* ? Vous utilisez la méthode `.then()`.

```
promesse.then(onAccomplie);
```

- promesse : L'objet Promesse que vous voulez gérer.
- `.then()` : La méthode que vous appelez sur la Promesse.
- onAccomplie : Une **fonction de rappel** qui sera exécutée *si et quand* la promesse passe à l'état accompli. Cette fonction reçoit automatiquement la valeur d'accomplissement de la Promesse comme unique argument.

Consommons la `maPremierePromesse` que nous avons créée plus tôt :

```
console.log("Attachement du gestionnaire .then à la promesse...");

maPremierePromesse.then(function gererSucces(resultat) {
    // *Cette fonction s'exécute UNIQUEMENT si la promesse est accomplie*
    console.log("--- Gestionnaire .then() ---");
    console.log("Promesse Accomplie ! Résultat :", resultat);
    console.log("------------------------");
});

console.log("Gestionnaire attaché. En attente que la promesse se règle...");

// *Scénarios de Sortie Possibles :*

// *Scénario 1 (Promesse Accomplie) :*
// Fonction exécuteur démarrée... (Opération asynchrone commence)
// Promesse créée (actuellement en attente).
// Attachement du gestionnaire .then à la promesse...
// Gestionnaire attaché. En attente que la promesse se règle...
// (après ~1.5 secondes)
// Opération asynchrone réussie. Résolution de la promesse...
// --- Gestionnaire .then() ---
// Promesse Accomplie ! Résultat : Opération réussie ! Les données sont là.
// ------------------------
```

```
// *Scénario 2 (Promesse Rejetée) :*
// Fonction exécuteur démarrée... (Opération asynchrone commence)
// Promesse créée (actuellement en attente).
// Attachement du gestionnaire .then à la promesse...
// Gestionnaire attaché. En attente que la promesse se règle...
// (après ~1.5 secondes)
// Opération asynchrone échouée. Rejet de la promesse...
// *... (message d'erreur apparaît dans la console, le gestionnaire .then ne
s'exécute pas) ...*
```

Notez que le gestionnaire .then() ne s'exécute que si la Promesse s'accomplit. Qu'en est-il de la gestion des échecs ?

Gérer les Erreurs

Pour spécifier le code qui doit s'exécuter si une Promesse est *rejetée*, vous utilisez la méthode .catch().

```
promesse.catch(onRejetee);
```

- promesse : L'objet Promesse.
- .catch() : La méthode appelée sur la Promesse.
- onRejetee : Une **fonction de rappel** exécutée *si et quand* la promesse passe à l'état rejeté. Cette fonction reçoit la raison du rejet (généralement un objet Error) comme argument.

Vous enchaînez typiquement .catch() après .then() (ou après une chaîne d'appels .then()) :

```
maPremierePromesse
  .then(function gererSucces(resultat) {
    console.log("--- Gestionnaire .then() ---");
    console.log("Promesse Accomplie ! Résultat :", resultat);
    console.log("-------------------------");
  })
  .catch(function gererErreur(erreur) {
    // *Cette fonction s'exécute UNIQUEMENT si la promesse est rejetée*
    console.error("--- Gestionnaire .catch() ---");
    console.error("Promesse Rejetée ! Raison :", erreur.message);
    console.error("-------------------------");
  });
```

```
console.log("Gestionnaires (.then et .catch) attachés.");

// *Scénarios de Sortie Possibles :*

// *Scénario 1 (Promesse Accomplie) :*
// ... (identique à avant, .then s'exécute, .catch est ignoré) ...

// *Scénario 2 (Promesse Rejetée) :*
// Fonction exécuteur démarrée... (Opération asynchrone commence)
// Promesse créée (actuellement en attente).
// Gestionnaires (.then et .catch) attachés.
// (après ~1.5 secondes)
// Opération asynchrone échouée. Rejet de la promesse...
// --- Gestionnaire .catch() ---
// Promesse Rejetée ! Raison : L'opération a échoué !
// --------------------------
```

Utiliser `.catch()` fournit un endroit centralisé pour gérer les erreurs qui pourraient survenir pendant l'opération asynchrone ou même dans les gestionnaires `.then()` précédents (les erreurs dans les gestionnaires `.then` provoquent également le rejet de la chaîne de Promesses).

Alternative : `.then()` peut en fait accepter un second argument pour le gestionnaire de rejet : `promesse.then(onAccomplie, onRejetee)`. Cependant, utiliser `.catch()` est généralement préféré car cela rend le code plus propre et gère les erreurs provenant *à la fois* de la Promesse originale *et* de tous les gestionnaires `onAccomplie` précédents dans la chaîne.

Nettoyer (Cleanup)

Parfois, vous devez exécuter un morceau de code indépendamment du fait que la Promesse ait été accomplie ou rejetée. Les exemples courants incluent masquer un indicateur de chargement, fermer un fichier ou libérer une ressource. La méthode `.finally()` est conçue pour cela.

```
promesse.finally(onFinalement);
```

- `onFinalement` : Une fonction de rappel qui s'exécute lorsque la Promesse se règle (soit accomplie *ou* rejetée).

- Cette fonction ne reçoit **pas** la valeur de résultat ou la raison du rejet. Son but est purement pour les actions de nettoyage qui doivent se produire indépendamment du résultat.

```
function simulerOperation() {
  console.log("Démarrage de l'opération (peut réussir ou échouer)...");
  // *Retourner la promesse de l'exemple précédent*
  return new Promise((resolve, reject) => {
    setTimeout(() => {
      if (Math.random() > 0.5) {
        resolve("Données récupérées avec succès !");
      } else {
        reject(new Error("Erreur réseau survenue !"));
      }
    }, 1000);
  });
}

console.log("Affichage de l'indicateur de chargement..."); // *Simuler une
action UI*

simulerOperation()
  .then(resultat => {
    console.log("Succès :", resultat);
  })
  .catch(erreur => {
    console.error("Échec :", erreur.message);
  })
  .finally(() => {
    // *Ceci s'exécute que .then ou .catch ait été exécuté*
    console.log("Masquage de l'indicateur de chargement..."); // *Action de
nettoyage*
    console.log("Tentative d'opération terminée.");
  });
```

Le code à l'intérieur de `.finally()` offre un moyen fiable d'effectuer le nettoyage.

Enchaîner les Promesses pour des Opérations Séquentielles

C'est là que les Promesses brillent vraiment et résolvent le problème de l'Enfer des Callbacks. `.then()` et `.catch()` retournent tous deux une **nouvelle Promesse**. Cette fonctionnalité cruciale nous permet d'enchaîner des opérations asynchrones ensemble dans une séquence plate et lisible.

Réécrivons l'exemple des étapes séquentielles du Chapitre 12 en utilisant des Promesses :

```javascript
// *Supposons que ces fonctions retournent maintenant des Promesses*
function etape1Promesse() {
  console.log("Étape 1 : Obtention de l'ID Utilisateur...");
  return new Promise((resolve) => { // *Simplifié : ne gère que le succès*
    setTimeout(() => {
      const idUtilisateur = 5;
      console.log("Étape 1 Terminée. ID Utilisateur :", idUtilisateur);
      resolve(idUtilisateur); // *Accomplir la promesse avec l'idUtilisateur*
    }, 500);
  });
}

function etape2Promesse(idUtilisateur) {
  console.log("Étape 2 : Récupération des Détails pour l'Utilisateur",
idUtilisateur);
  return new Promise((resolve) => {
    setTimeout(() => {
      const detailsUtilisateur = { nom: "Alice", id: idUtilisateur };
      console.log("Étape 2 Terminée. Détails :", detailsUtilisateur);
      resolve(detailsUtilisateur); // *Accomplir avec les détails utilisateur*
    }, 500);
  });
}

function etape3Promesse(detailsUtilisateur) {
  console.log("Étape 3 : Récupération des Posts pour l'Utilisateur",
detailsUtilisateur.nom);
  return new Promise((resolve) => {
    setTimeout(() => {
      const publications = ["Post A", "Post B"];
      console.log("Étape 3 Terminée. Posts :", publications);
      resolve(publications); // *Accomplir avec les publications*
    }, 500);
  });
}

// --- La Chaîne de Promesses ---
console.log("Démarrage des opérations asynchrones séquentielles avec
Promesses...");

etape1Promesse() // *Appelle l'étape 1, retourne une promesse*
```

```
  .then(idUtilisateurRecu => {
    // *Le résultat de etape1Promesse (idUtilisateur) est passé ici*
    // *Appelle l'étape 2, en passant l'idUtilisateur, et RETOURNE sa promesse*
    return etape2Promesse(idUtilisateurRecu);
  })
  .then(detailsUtilisateurRecus => {
    // *Le résultat de etape2Promesse (detailsUtilisateur) est passé ici*
    // *Appelle l'étape 3, en passant detailsUtilisateur, et RETOURNE sa
promesse*
    return etape3Promesse(detailsUtilisateurRecus);
  })
  .then(publicationsRecues => {
    // *Le résultat de etape3Promesse (publications) est passé ici*
    // *Gestion finale*
    console.log("--- Toutes les Étapes Terminées (Promesses) ---");
    console.log("Publications Finales :", publicationsRecues);
    console.log("-------------------------------------------");
  })
  .catch(erreur => {
    // *Un seul .catch gère les erreurs de TOUTE étape précédente*
    console.error("--- Une Erreur est Survenue dans la Chaîne ---");
    console.error(erreur);
    console.error("-------------------------------------------");
  });

console.log("Toutes les Promesses initiées...");
```

Regardez la différence ! Pas d'imbrication profonde. Le code se lit presque comme une séquence synchrone : faire l'étape 1, *puis* faire l'étape 2 avec le résultat, *puis* faire l'étape 3 avec le résultat, *puis* gérer le résultat final, *et attraper* toute erreur en cours de route.

Comment Fonctionne l'Enchaînement :

1. etape1Promesse() est appelée, retournant promesse1.
2. Le premier .then(gestionnaire1) est attaché à promesse1.
3. Lorsque promesse1 s'accomplit, gestionnaire1 s'exécute (recevant idUtil-isateur).
4. gestionnaire1 appelle etape2Promesse(idUtilisateur), qui retourne promesse2. Crucialement, gestionnaire1 **retourne** promesse2.
5. Le premier .then() lui-même retourne une *nouvelle* promesse, lien-ChainePromesse1. Cette lienChainePromesse1 adoptera l'état de promesse2 (celle retournée depuis l'intérieur de gestionnaire1).
6. Le second .then(gestionnaire2) est attaché à lienChainePromesse1.

7. Lorsque `promesse2` (retournée par `etape2Promesse`) s'accomplit, `lienChainePromesse1` s'accomplit également, provoquant l'exécution de `gestionnaire2` (recevant `detailsUtilisateur`).
8. Ce modèle se répète le long de la chaîne.
9. Si une promesse dans la chaîne rejette (par ex., `etape2Promesse` échoue), ou si un gestionnaire lève une erreur, la chaîne saute les gestionnaires `.then` suivants et saute directement au gestionnaire `.catch()` le plus proche.

Ce mécanisme d'enchaînement, basé sur `.then` retournant des promesses, est la clé pour échapper à l'enfer des callbacks.

Exécuter des Promesses en Parallèle

Et si vous avez plusieurs tâches asynchrones qui ne dépendent *pas* les unes des autres, et que vous voulez les exécuter simultanément et attendre qu'elles se terminent toutes ? Par exemple, récupérer des données depuis trois points d'API différents. Les exécuter séquentiellement en utilisant des chaînes `.then` serait inutilement lent.

`Promise.all()` est l'outil pour ce travail.

```
Promise.all(iterableDePromesses);
```

- Il prend un itérable (généralement un tableau) de Promesses en entrée.
- Il retourne une **unique nouvelle Promesse** qui se comporte comme suit :
  - **S'accomplit** : Lorsque *toutes* les Promesses dans l'itérable d'entrée se sont accomplies. La valeur d'accomplissement est un **tableau** contenant les valeurs d'accomplissement des Promesses d'entrée, dans le même ordre qu'elles apparaissaient dans le tableau d'entrée.
  - **Rejette** : Dès que *l'une quelconque* des Promesses d'entrée rejette. La raison du rejet est la raison de la première Promesse qui a rejeté.

```
function recupererDonnees(url, delai) {
  return new Promise((resolve) => {
    setTimeout(() => {
      console.log(`Données récupérées depuis ${url}`);
      resolve(`Données de ${url}`);
    }, delai);
  });
}

const promesse1 = recupererDonnees('/api/utilisateurs', 1000);
```

```
const promesse2 = recupererDonnees('/api/publications', 500);
const promesse3 = recupererDonnees('/api/parametres', 1200);

console.log("Initiation des récupérations parallèles...");

Promise.all([promesse1, promesse2, promesse3])
  .then(resultats => {
    // *'resultats' est un tableau : [resultat de promesse1, resultat de
promesse2, resultat de promesse3]*
    console.log("--- Toutes les Récupérations Terminées ---");
    console.log("Résultats :", resultats);
    // *Exemple Sortie : Résultats: [ 'Données de /api/utilisateurs', 'Données
de /api/publications', 'Données de /api/parametres' ]*
    console.log("-------------------------------------");
  })
  .catch(erreur => {
    // *Ceci s'exécute si N'IMPORTE LEQUEL des appels recupererDonnees devait
rejeter*
    console.error("--- L'une des Récupérations a Échoué ---");
    console.error(erreur);
    console.error("-------------------------------------");
  });

console.log("Promise.all initié...");
```

Promise.all vous permet de gérer efficacement plusieurs opérations asynchrones concurrentes.

Autres Combinateurs de Promesses (Brève Mention)

Outre Promise.all(), JavaScript fournit d'autres méthodes pour combiner des Promesses, bien qu'elles soient moins couramment nécessaires pour les débutants :

- Promise.race(iterable) : Retourne une Promesse qui se règle (s'accomplit ou rejette) dès que la *première* Promesse dans l'itérable se règle.
- Promise.allSettled(iterable) : Retourne une Promesse qui s'accomplit après que *toutes* les Promesses d'entrée se soient réglées (soit accomplies, soit rejetées). Le résultat est un tableau d'objets décrivant le résultat de chaque Promesse d'entrée. Utile lorsque vous avez besoin de connaître le résultat de chaque opération, même si certaines ont échoué.

- `Promise.any(iterable)` : Retourne une Promesse qui s'accomplit dès que *l'une quelconque* des Promesses d'entrée s'accomplit. Elle ne rejette que si *toutes* les Promesses d'entrée rejettent.

Résumé du Chapitre

Ce chapitre a introduit les **Promesses** comme une manière moderne et structurée de gérer les opérations asynchrones en JavaScript, offrant une amélioration significative par rapport au modèle de callbacks imbriqués (Enfer des Callbacks). Nous avons appris qu'une Promesse est un objet représentant le résultat éventuel (accomplissement ou rejet) d'une tâche asynchrone, existant dans l'un des trois états : **en attente (pending), accomplie (fulfilled),** ou **rejetée (rejected)**. Nous avons vu comment consommer des Promesses en utilisant la méthode `.then()` pour les cas de succès, `.catch()` pour la gestion des erreurs, et `.finally()` pour le code de nettoyage qui s'exécute indépendamment du résultat. La vraie puissance est apparue lorsque nous avons exploré l'**enchaînement de Promesses** en utilisant `.then()`, qui permet une logique asynchrone séquentielle propre et lisible. Nous avons également appris à exécuter plusieurs Promesses indépendantes en parallèle et à attendre leur achèvement à toutes en utilisant `Promise.all()`.

Les Promesses améliorent considérablement la façon dont nous écrivons et raisonnons sur le code asynchrone. Cependant, même avec l'enchaînement, la syntaxe implique toujours des callbacks à l'intérieur de `.then()` et `.catch()`. Pouvons-nous rendre le code asynchrone presque exactement comme du code synchrone ? Oui ! Dans le prochain chapitre, nous explorerons `async` **et** `await`, des mots-clés spéciaux construits *par-dessus* les Promesses qui fournissent une syntaxe encore plus intuitive et lisible pour gérer les opérations asynchrones.

14

Async/Await

Dans le dernier chapitre, nous avons célébré l'arrivée des Promesses, une amélioration fantastique par rapport aux callbacks imbriqués pour gérer les opérations asynchrones. Les Promesses nous ont donné `.then()` pour gérer le succès, `.catch()` pour les erreurs, et un moyen d'enchaîner les opérations proprement, échappant à la redoutée Pyramide de l'Enfer. C'était un énorme pas en avant !

Cependant, si vous regardez de près les chaînes de Promesses, vous remarquerez que nous écrivons toujours des fonctions (fonctions de rappel) à l'intérieur de nos appels `.then()` et `.catch()`. Bien que beaucoup plus plat que l'enfer des callbacks, la structure implique toujours de définir ce qui se passe *ensuite* à l'intérieur de ces fonctions gestionnaires. Et si nous pouvions écrire du code asynchrone qui *ressemble* presque exactement au code simple, synchrone, ligne par ligne avec lequel nous avons commencé, mais qui se comporte toujours de manière asynchrone sans bloquer ?

C'est précisément ce que fournissent les mots-clés `async` et `await`. Introduits dans ES2017 (ES8), `async`/`await` est du sucre syntaxique construit *par-dessus* les Promesses. Il ne remplace pas les Promesses ; il nous donne une syntaxe plus intuitive et lisible pour travailler *avec* elles, en particulier lorsqu'il s'agit de séquences d'étapes asynchrones. Préparez-vous pour du code asynchrone qui semble remarquablement synchrone !

Introduction aux Fonctions `async`

Le fondement de cette nouvelle syntaxe est le mot-clé async. Vous placez async juste avant le mot-clé function (pour les déclarations ou expressions) ou avant la liste des paramètres pour les fonctions fléchées (que nous verrons au Chapitre 18).

```
// Déclaration de fonction async
async function maFonctionAsync() {
  // ... code ...
  // Peut utiliser 'await' ici à l'intérieur
}

// Expression de fonction async
const monExpressionAsync = async function() {
  // ... code ...
  // Peut utiliser 'await' ici à l'intérieur
};

// Fonction fléchée async (bref aperçu)
// const maFlecheAsync = async () => {
//   // ... code ...
//   // Peut utiliser 'await' ici à l'intérieur
// };
```

Qu'est-ce que l'ajout de async fait ? Deux choses cruciales :

1. **Retourne Implicitement une Promesse** : Une fonction async retourne *toujours* une Promesse.

   - Si la fonction async return explicitement une valeur (par ex., return 42;), la Promesse qu'elle retourne *s'accomplira* avec cette valeur.
   - Si la fonction async throw une erreur, la Promesse qu'elle retourne *rejettera* avec cette erreur levée.
   - Si la fonction async se termine sans return ou throw explicite, la Promesse qu'elle retourne s'accomplira avec la valeur undefined.

2. **Permet await** : Le mot-clé async vous permet d'utiliser le mot-clé await *à l'intérieur* du corps de la fonction pour mettre en pause l'exécution jusqu'à ce qu'une Promesse se règle.

Voyons le retour implicite de Promesse :

```
async function obtenirSalutation() {
```

```
    return "Bonjour depuis async !"; // *Cette valeur accomplit la promesse
retournée*
}

async function echouerParfois() {
  if (Math.random() < 0.5) {
    throw new Error("La fonction async a échoué !"); // *Cette erreur rejette la
promesse retournée*
  }
  return "La fonction async a réussi !";
}

// Appeler une fonction async retourne une promesse
const promesseSalutation = obtenirSalutation();
console.log(promesseSalutation); // *Sortie : Promise { <pending> } (ou
fulfilled)*

// Nous la consommons en utilisant .then() et .catch() comme toute autre
promesse
promesseSalutation.then(resultat => {
  console.log("Salutation reçue :", resultat); // *Sortie : Salutation reçue :
Bonjour depuis async !*
});

echouerParfois()
  .then(resultat => console.log("Succès :", resultat))
  .catch(erreur => console.error("Erreur attrapée :", erreur.message));
  // *La sortie variera : soit Succès : ... soit Erreur attrapée : ...*
```

Donc, même sans utiliser await pour l'instant, async change fondamentalement une fonction pour qu'elle opère au sein de l'écosystème des Promesses.

Mettre en Pause l'Exécution avec await

La vraie magie opère lorsque vous combinez les fonctions async avec le mot-clé await. L'opérateur await ne peut être utilisé *qu'à l'intérieur* d'une fonction async (*Note : L'await de haut niveau est une fonctionnalité plus récente disponible dans des environnements spécifiques comme les modules, mais nous nous concentrerons sur son utilisation au sein des fonctions async pour l'instant*).

Lorsque vous placez await avant une expression qui s'évalue en une Promesse :

1. L'exécution de la fonction async est **mise en pause** à ce point. Elle ne bloque pas le thread principal ; elle met simplement en pause l'exécution de *cette*

fonction spécifique, permettant à d'autre code (y compris les mises à jour de l'UI ou d'autres tâches asynchrones) de s'exécuter.

2. Elle **attend** que la Promesse attendue se règle (soit accomplie, soit rejetée).

3. **Si la Promesse s'accomplit** : await retourne la valeur accomplie. La fonction reprend alors son exécution à partir de la ligne suivante.

4. **Si la Promesse rejette** : await lève la raison du rejet (généralement un objet erreur). L'exécution dans la fonction async s'arrête immédiatement à la ligne await et saute au bloc catch le plus proche si vous utilisez try...catch (plus d'infos à ce sujet bientôt), ou provoque le rejet de la Promesse retournée par la fonction async avec cette raison.

```javascript
// *Une fonction qui retourne une promesse après un délai*
function resoudreApresDelai(valeur, delai) {
  return new Promise(resolve => {
    setTimeout(() => {
      console.log(`Résolution avec la valeur : ${valeur}`);
      resolve(valeur);
    }, delai);
  });
}


// *Une fonction async utilisant await*
async function traiterDonnees() {
  console.log("traiterDonnees : Démarrage...");

  // *Pause ici jusqu'à ce que la première promesse s'accomplisse*
  const resultat1 = await resoudreApresDelai("Données A", 1000);
  console.log(`traiterDonnees : Reçu résultat 1 : ${resultat1}`);

  // *Pause ici jusqu'à ce que la deuxième promesse s'accomplisse*
  const resultat2 = await resoudreApresDelai("Données B", 500);
  console.log(`traiterDonnees : Reçu résultat 2 : ${resultat2}`);

  // *Pause ici jusqu'à ce que la troisième promesse s'accomplisse*
  const resultat3 = await resoudreApresDelai("Données C", 800);
  console.log(`traiterDonnees : Reçu résultat 3 : ${resultat3}`);

  console.log("traiterDonnees : Toutes les étapes terminées.");
  return `Résultat final : ${resultat1}, ${resultat2}, ${resultat3}`; //
*Accomplit la promesse retournée par traiterDonnees*
}

console.log("Appel de traiterDonnees...");
traiterDonnees()
  .then(resultatFinal => {
```

```
      console.log("--- Promesse traiterDonnees Accomplie ---");
      console.log(resultatFinal);
      console.log("----------------------------------------");
  });
console.log("traiterDonnees appelée, le script principal continue...");


// *Ordre de Sortie Attendu :*
// Appel de traiterDonnees...
// traiterDonnees : Démarrage...
// traiterDonnees appelée, le script principal continue...
// (après ~1 seconde)
// Résolution avec la valeur : Données A
// traiterDonnees : Reçu résultat 1 : Données A
// (après ~0.5 secondes de plus)
// Résolution avec la valeur : Données B
// traiterDonnees : Reçu résultat 2 : Données B
// (après ~0.8 secondes de plus)
// Résolution avec la valeur : Données C
// traiterDonnees : Reçu résultat 3 : Données C
// traiterDonnees : Toutes les étapes terminées.
// --- Promesse traiterDonnees Accomplie ---
// Résultat final : Données A, Données B, Données C
// ----------------------------------------
```

Regardez comme la fonction `traiterDonnees` se lit presque comme du code synchrone ! `await` donne l'impression que nous assignons simplement des résultats directement à des variables, mais sous le capot, elle met en pause et attend que les Promesses se résolvent sans bloquer.

Écrire une Logique Asynchrone Plus Propre

Maintenant, revisitons l'exemple d'opération séquentielle du chapitre sur les Promesses (étape 1, étape 2, étape 3) et réécrivons-le en utilisant `async/await`. Nous supposerons que les fonctions `etape1Promesse`, `etape2Promesse` et `etape3Promesse` (qui retournent des Promesses) sont déjà définies comme précédemment.

```
async function executerToutesEtapes() {
  try { // *Nous discuterons de try...catch ensuite*
    console.log("Démarrage des opérations asynchrones séquentielles avec
async/await...");

    // *Attendre l'étape 1 et obtenir son résultat*
    const idUtilisateur = await etape1Promesse();
```

```
    // *Attendre l'étape 2 (en utilisant idUtilisateur) et obtenir son résultat*
    const detailsUtilisateur = await etape2Promesse(idUtilisateur);

    // *Attendre l'étape 3 (en utilisant detailsUtilisateur) et obtenir son
résultat*
    const publications = await etape3Promesse(detailsUtilisateur);

    // *Toutes les étapes terminées avec succès*
    console.log("--- Toutes les Étapes Terminées (async/await) ---");
    console.log("Publications Finales :", publications);
    console.log("----------------------------------------------");

    return publications; // *Retourne le résultat final (accomplit la promesse
retournée par executerToutesEtapes)*

  } catch (erreur) {
    // *Attrape les erreurs de N'IMPORTE LAQUELLE des promesses attendues*
    console.error("--- Une Erreur est Survenue (async/await) ---");
    console.error(erreur);
    console.error("--------------------------------------------");
    // *Optionnellement, relancer l'erreur ou retourner un indicateur d'erreur*
    // throw erreur; // *Rejette la promesse retournée par executerToutesEtapes*
  }
}

// *Appeler la fonction async et gérer sa promesse résultante*
executerToutesEtapes()
    .then(publicationsFinales => {
        if(publicationsFinales) { // *Vérifier si l'exécution a réussi*
            console.log("executerToutesEtapes terminée avec succès.");
        }
    })
    .catch(err => {
        console.error("La promesse executerToutesEtapes a été rejetée
globalement.");
    });

console.log("Fonction executerToutesEtapes appelée...");
```

Comparez le corps de la fonction executerToutesEtapes à la chaîne .then() du Chapitre 13. La version async/await est significativement plus propre et ressemble davantage au flux de code synchrone standard. La logique est beaucoup plus facile à suivre : obtenir l'ID utilisateur, puis obtenir les détails, puis obtenir les publications.

Gestion des Erreurs avec `try...catch`

Comment gérons-nous les Promesses rejetées lorsque nous utilisons await ? Rappelez-vous que si une Promesse attendue rejette, await *lève* cette raison de rejet. Nous pouvons attraper ces erreurs levées en utilisant les blocs `try...catch` synchrones standard à l'intérieur de notre fonction async !

```
async function operationPotentiellementEchouee() {
  return new Promise((resolve, reject) => {
    setTimeout(() => {
      if (Math.random() < 0.5) {
        reject(new Error("Quelque chose s'est mal passé aléatoirement !"));
      } else {
        resolve("L'opération a réussi !");
      }
    }, 1000);
  });
}

async function traiterAvecTryCatch() {
  console.log("Tentative d'opération...");
  try {
    // *await l'opération potentiellement échouée*
    const resultat = await operationPotentiellementEchouee();

    // *Ce code ne s'exécute que si la promesse s'est accomplie*
    console.log("Bloc try : Succès !");
    console.log("Résultat :", resultat);
    return resultat;

  } catch (erreur) {
    // *Ce bloc s'exécute si la promesse attendue a rejeté*
    console.error("Bloc catch : Une erreur est survenue !");
    console.error("Détails de l'erreur :", erreur.message);
    // *Nous pouvons gérer l'erreur ici, peut-être retourner une valeur par
défaut ou l'enregistrer*
    return "Traité avec erreur."; // *Accomplit la promesse externe malgré
l'erreur interne*
    // Ou relancer si vous voulez que la promesse externe rejette : throw
erreur;
  } finally {
    // *Optionnel : S'exécute que try ou catch ait été exécuté*
    console.log("Bloc finally : Tentative d'opération terminée.");
  }
}
```

```
traiterAvecTryCatch()
  .then(issue => console.log("Issue globale :", issue))
  .catch(err => console.error("Erreur globale (si finally a relancé) :", err));
```

Utiliser `try...catch` dans les fonctions async semble très naturel pour les développeurs habitués à la gestion synchrone des erreurs. Cela vous permet de gérer les erreurs des Promesses attendues de la même manière que vous géreriez les erreurs levées par du code synchrone régulier. Cela contraste avec la méthode `.catch()` utilisée dans les chaînes de Promesses.

`async/await` vs. Promesses

Il est crucial de se rappeler que `async/await` est **construit sur les Promesses**. Il ne les remplace pas ; il fournit une syntaxe différente pour les consommer.

- **Lisibilité** : `async/await` l'emporte généralement pour les opérations asynchrones séquentielles, rendant le code plus plat et plus synchrone en apparence.
- **Gestion des Erreurs** : `try...catch` dans les fonctions async semble souvent plus naturel que l'enchaînement `.catch()` pour les développeurs familiers avec la gestion synchrone des erreurs.
- **Débogage** : Parcourir le code `async/await` dans les débogueurs peut parfois sembler plus direct que de parcourir les chaînes de Promesses avec plusieurs callbacks.
- **Mécanisme Sous-jacent** : Vous devez toujours comprendre les Promesses car les fonctions `async` les retournent, `await` les attend, et vous interagirez souvent avec des API ou des bibliothèques qui retournent directement des Promesses. `Promise.all()`, `Promise.race()`, etc., sont toujours utilisés au sein des fonctions async pour gérer la concurrence.

```
// *Utilisation de Promise.all dans une fonction async*
async function recupererDonneesParalleles() {
  console.log("Récupération des données utilisateur et paramètres en
parallèle...");
  try {
    const resultats = await Promise.all([
      resoudreApresDelai("Données Utilisateur", 800),  // *Simulation récup 1*
      resoudreApresDelai("Données Paramètres", 600) // *Simulation récup 2*
    ]);
```

```
    // 'resultats' est un tableau : ["Données Utilisateur", "Données
Paramètres"]
    console.log("Récupérations parallèles terminées :", resultats);
    const donneesUtilisateur = resultats[0];
    const donneesParametres = resultats[1];
    // *Traiter les données...*
    return { utilisateur: donneesUtilisateur, parametres: donneesParametres };

  } catch (erreur) {
    console.error("Erreur pendant la récupération parallèle :", erreur);
    throw erreur; // *Propager l'erreur*
  }
}

recupererDonneesParalleles()
    .then(donnees => console.log("Données parallèles finales :", donnees))
    .catch(err => console.error("recupererDonneesParalleles a échoué."));
```

Choisissez l'approche (`.then`/`.catch` ou `async`/`await`) qui rend votre code le plus clair pour la tâche spécifique. Souvent, `async`/`await` est préféré pour coordonner plusieurs étapes asynchrones, tandis qu'un simple `.then`/`.catch` peut suffire pour gérer une seule Promesse.

Résumé du Chapitre

Ce chapitre a introduit les puissants mots-clés `async` et `await`, qui fournissent du sucre syntaxique par-dessus les Promesses pour rendre le code asynchrone plus semblable au code synchrone. Nous avons appris que le mot-clé `async` modifie une fonction pour qu'elle retourne implicitement une Promesse et permet l'utilisation d'`await` à l'intérieur. Le mot-clé `await` met en pause l'exécution d'une fonction `async` jusqu'à ce qu'une Promesse spécifiée se règle, retournant la valeur accomplie ou levant la raison du rejet. Nous avons vu comment cette combinaison améliore considérablement la lisibilité des opérations asynchrones séquentielles par rapport à l'enchaînement `.then()`. Nous avons également appris à gérer les erreurs des Promesses attendues naturellement en utilisant les blocs `try...catch` standard. Bien qu'`async`/`await` offre une syntaxe plus propre, nous avons souligné qu'il est construit sur les Promesses, et comprendre les Promesses reste essentiel.

Vous disposez maintenant des outils les plus modernes et souvent les plus lisibles pour gérer les opérations asynchrones en JavaScript. Cependant, même avec les meilleurs modèles asynchrones, des erreurs peuvent toujours survenir – les requêtes réseau peuvent échouer, les données peuvent être invalides, ou des situations inattendues peuvent survenir dans votre logique. Dans le prochain chapitre, nous élargirons notre focus sur la **Gestion des Erreurs**, en examinant l'instruction `try...catch...finally` en termes plus généraux et en discutant des stratégies pour rendre vos applications plus robustes et résilientes aux problèmes inattendus.

15

Gestion des Erreurs

Tout au long de notre parcours, nous avons construit des programmes qui, idéalement, fonctionnent sans accroc du début à la fin. Nous avons appris à gérer les opérations asynchrones avec les Promesses et `async/await` (Chapitres 13 et 14) pour éviter le blocage. Mais la réalité du développement logiciel est que les choses ne se passent pas toujours comme prévu. Les réseaux peuvent tomber en panne, les utilisateurs peuvent entrer des données invalides, les serveurs peuvent retourner des réponses inattendues, ou nous pouvons simplement faire des erreurs dans notre propre code (oui, ça arrive à tout le monde !).

Ignorer ces problèmes potentiels conduit à des applications fragiles qui plantent, se comportent de manière imprévisible ou offrent une expérience utilisateur frustrante. Les applications robustes et professionnelles doivent anticiper et gérer gracieusement les erreurs lorsqu'elles se produisent. Ce chapitre se concentre sur les mécanismes principaux de JavaScript pour la **gestion des erreurs**, vous permettant d'attraper les problèmes, de réagir de manière appropriée et de maintenir votre application en bon état de fonctionnement même lorsque l'inattendu survient.

Pourquoi la Gestion des Erreurs est Importante

Imaginez utiliser un site d'achat en ligne. Vous cliquez sur "Ajouter au panier", mais à cause d'un problème réseau temporaire, la requête échoue. Que devrait-il se passer ?

- **Mauvais Scénario (Pas de Gestion d'Erreur)** : Le code JavaScript pourrait planter, l'indicateur de chargement tourne indéfiniment, ou rien ne se passe, vous laissant confus et incapable de continuer.
- **Bon Scénario (Avec Gestion d'Erreur)** : L'application attrape l'erreur réseau, arrête l'indicateur de chargement et affiche un message utile comme : "Oups ! Impossible d'ajouter l'article à votre panier. Veuillez vérifier votre connexion et réessayer."

Une bonne gestion des erreurs est cruciale pour :

- **Expérience Utilisateur** : Prévient les plantages abrupts et fournit un retour d'information informatif, guidant l'utilisateur.
- **Stabilité de l'Application** : Permet à l'application de se remettre des erreurs non fatales et de continuer à fonctionner lorsque c'est possible.
- **Intégrité des Données** : Aide à prévenir les actions basées sur des données incorrectes ou incomplètes résultant d'une erreur.
- **Débogage** : Facilite l'identification *où* et *pourquoi* les choses ont mal tourné pendant le développement en attrapant et en enregistrant les erreurs.

L'Instruction `try...catch`

La pierre angulaire de la gestion synchrone des erreurs en JavaScript (et aussi pour gérer les erreurs des expressions `await`) est l'instruction `try...catch`. Elle vous permet d'"essayer" (try) d'exécuter un bloc de code qui pourrait potentiellement causer une erreur, et d'"attraper" (catch) cette erreur si elle se produit, l'empêchant de faire planter votre programme.

La syntaxe de base ressemble à ceci :

```
try {
  // Code qui pourrait potentiellement lever une erreur
  // (par ex., opérations risquées, code utilisant await)
} catch (erreur) {
  // Code à exécuter UNIQUEMENT si une erreur s'est produite dans le bloc 'try'
```

```
    // La variable 'erreur' contient des informations sur l'erreur
}
// Le code ici continue son exécution qu'une erreur ait été attrapée ou non
```

Comment ça Marche :

1. Le code à l'intérieur du bloc `try` est exécuté en premier.
2. **Si aucune erreur ne se produit** dans le bloc `try`, l'ensemble du bloc `catch` est ignoré, et l'exécution continue avec le code immédiatement après l'instruction `try...catch`.
3. **Si une erreur** *se produit* à un moment quelconque dans le bloc `try` :
   - L'exécution du bloc `try` s'arrête *immédiatement* à la ligne où l'erreur s'est produite.
   - Le moteur JavaScript recherche le bloc `catch` englobant le plus proche.
   - S'il en trouve un, le contrôle saute au début de ce bloc `catch`.
   - Un **objet erreur**, contenant des détails sur l'erreur, est automatiquement créé et passé comme argument au bloc `catch` (nous l'avons nommé `erreur` ici, mais vous pouvez utiliser n'importe quel nom de variable valide).
   - Le code à l'intérieur du bloc `catch` s'exécute, vous permettant de gérer l'erreur (par ex., l'enregistrer, afficher un message).
   - Une fois le bloc `catch` terminé, l'exécution continue avec le code *après* l'instruction `try...catch` (sauf si le bloc `catch` lui-même lève une autre erreur ou utilise `return`).

Exemple : Gestion d'une Erreur Synchrone Potentielle

```
let profilUtilisateur = null; // *Imaginez que ceci n'a pas été chargé
correctement*

try {
  console.log("Tentative d'accès au nom d'utilisateur...");
  // *Cette ligne provoquera une erreur car profilUtilisateur est null*
  let nomUtilisateur = profilUtilisateur.nom;
  console.log(`Bienvenue, ${nomUtilisateur} !`); // *Cette ligne ne sera PAS
atteinte*
} catch (erreur) {
  console.error("--- Une Erreur est Survenue ! ---");
  console.error("Échec de l'accès à la propriété du profil utilisateur.");
  // *Inspecter l'objet erreur*
  console.error("Type d'Erreur :", erreur.name);      // *Sortie : TypeError*
```

```
    console.error("Message d'Erreur :", erreur.message); // *par ex., "Cannot read
properties of null (reading 'nom')*
    // console.error("Trace de la Pile :", erreur.stack); // *Pile d'appels
détaillée*
    console.error("----------------------------");
    // *Fournir un comportement de repli ou un retour utilisateur*
    console.log("Affichage d'un message de bienvenue générique à la place.");
}


console.log("Le programme continue après try...catch.");


// *Sortie :*
// Tentative d'accès au nom d'utilisateur...
// --- Une Erreur est Survenue ! ---
// Échec de l'accès à la propriété du profil utilisateur.
// Type d'Erreur : TypeError
// Message d'Erreur : Cannot read properties of null (reading 'nom')
// ----------------------------
// Affichage d'un message de bienvenue générique à la place.
// Le programme continue après try...catch.
```

Sans `try...catch`, le `TypeError` aurait arrêté tout le script. Ici, nous l'avons attrapé et permis au programme de continuer.

Utilisation avec `await` (Récapitulatif du Chapitre 14)

Comme nous l'avons vu, `try...catch` est également la manière standard de gérer les Promesses rejetées lors de l'utilisation de `await` :

```
async function recupererDonnees() {
  try {
    console.log("Récupération des données...");
    const promesseReponse = uneApiQuiRetourneUnePromesse(); // *Supposons que
cela existe*
    const donnees = await promesseReponse; // *Si promesseReponse rejette, await
lève une erreur*
    console.log("Données reçues :", donnees);
    // *Traiter les données...*
  } catch (erreur) {
    console.error("Échec de la récupération des données :", erreur.message);
    // *Gérer l'erreur asynchrone*
  }
}
```

Le bloc `catch` attrapera les erreurs levées par l'expression `await` si la Promesse attendue rejette.

Le Bloc `finally`

Parfois, il y a du code de nettoyage que vous devez exécuter *après* la fin du bloc `try` (et potentiellement du bloc `catch`), qu'une erreur se soit produite ou non. Les exemples courants incluent la fermeture de connexions réseau, la libération de descripteurs de fichiers (plus courant en Node.js), ou le masquage d'un indicateur de chargement qui a été montré avant le bloc `try`.

Le bloc `finally` est conçu exactement pour cela. Il est ajouté après le bloc `catch`.

```
try {
  // Code risqué
} catch (erreur) {
  // Code de gestion d'erreur
} finally {
  // Code de nettoyage - S'exécute TOUJOURS après la fin de try/catch
}
```

Flux d'Exécution avec `finally` :

1. Le bloc `try` s'exécute.
2. Si pas d'erreur : `try` se termine -> `finally` s'exécute -> le code après `finally` s'exécute.
3. Si une erreur se produit : `try` s'arrête -> `catch` s'exécute -> `finally` s'exécute -> le code après `finally` s'exécute.
4. Si une erreur se produit et qu'il n'y a pas de `catch`, ou si le bloc `catch` lui-même lève une erreur : `try` s'arrête -> (`catch` peut s'exécuter et lever) -> `finally` s'exécute -> l'erreur se propage vers l'extérieur (le programme peut s'arrêter s'il n'est pas attrapé ailleurs).

Le bloc `finally` est garanti de s'exécuter (sauf si le programme entier se termine brusquement), ce qui le rend idéal pour le nettoyage essentiel.

Exemple :

```
let ressourceAcquise = false;

try {
  console.log("Acquisition de la ressource...");
  ressourceAcquise = true; // *Simuler l'obtention d'une ressource*
  console.log("Ressource acquise. Exécution de l'opération...");

  // *Simuler une erreur potentielle pendant l'opération*
```

```
    if (Math.random() < 0.5) {
      throw new Error("L'opération a échoué à mi-chemin !");
    }

    console.log("Opération terminée avec succès.");

} catch (erreur) {
  console.error("Erreur attrapée pendant l'opération :", erreur.message);
  // *Gérer l'erreur spécifique...*

} finally {
  // *Ce nettoyage s'exécute que l'opération ait réussi ou échoué*
  console.log("Entrée dans le bloc finally...");
  if (ressourceAcquise) {
    console.log("Libération de la ressource...");
    ressourceAcquise = false; // *Simuler le nettoyage*
  } else {
      console.log("Aucune ressource n'a été acquise, rien à libérer.");
  }
  console.log("Bloc finally terminé.");
}

console.log("L'exécution continue après try...catch...finally.");
```

Lever Vos Propres Erreurs

Jusqu'à présent, nous nous sommes principalement concentrés sur l'*attrapage* des erreurs que JavaScript ou des opérations externes pourraient générer. Mais parfois, *votre propre code* a besoin de signaler que quelque chose ne va pas en fonction de la logique de votre application. Peut-être qu'une fonction reçoit une entrée invalide, ou qu'une condition essentielle n'est pas remplie.

Vous pouvez générer vos propres erreurs en utilisant l'instruction throw. Lorsque throw est exécuté, il arrête immédiatement le flux d'exécution actuel (tout comme le ferait une erreur intégrée) et commence le processus de recherche d'un bloc catch englobant.

```
throw expression;
```

L'expression que vous levez peut techniquement être n'importe quelle valeur (une chaîne, un nombre, un booléen), mais il est **fortement recommandé** de toujours lever un objet Error (ou un objet héritant de Error).

```
function calculerReduction(prix, pourcentage) {
  if (typeof prix !== 'number' || prix <= 0) {
    // *Lever une erreur pour une entrée invalide*
    throw new Error("Prix invalide fourni. Le prix doit être un nombre
positif.");
  }
  if (typeof pourcentage !== 'number' || pourcentage < 0 || pourcentage > 100) {
    throw new Error("Pourcentage invalide. Doit être entre 0 et 100.");
  }

  return prix - (prix * (pourcentage / 100));
}

try {
  let prixReduit = calculerReduction(50, 10); // *Entrée valide*
  console.log(`Prix Réduit 1 : ${prixReduit}`);

  prixReduit = calculerReduction(-5, 10); // *Prix invalide*
  console.log(`Prix Réduit 2 : ${prixReduit}`); // *Ne s'exécutera pas*

} catch (erreur) {
  console.error("Erreur lors du calcul de la réduction :", erreur.message);
}

try {
    let prixReduit3 = calculerReduction(100, 150); // *Pourcentage invalide*
    console.log(`Prix Réduit 3 : ${prixReduit3}`); // *Ne s'exécutera pas*
} catch (erreur) {
    console.error("Erreur lors du calcul de la réduction :", erreur.message);
}

// *Sortie :*
// Prix Réduit 1 : 45
// Erreur lors du calcul de la réduction : Prix invalide fourni. Le prix doit
être un nombre positif.
// Erreur lors du calcul de la réduction : Pourcentage invalide. Doit être entre
0 et 100.
```

Lever des erreurs spécifiques rend vos fonctions plus robustes en indiquant clairement quand les préconditions ne sont pas remplies, les empêchant de continuer avec
des données invalides.

L'Objet `Error`

Comme mentionné, il est préférable de lever des instances de l'objet intégré `Error` ou de ses descendants. En créer un est simple :

```
const monErreur = new Error("Un message descriptif sur ce qui s'est mal passé");
```

Pourquoi utiliser des objets `Error` ?

- **Propriétés Standard** : Ils viennent avec des propriétés standard que les outils de gestion d'erreurs et les développeurs attendent :
  - `error.name` : Une chaîne indiquant le type d'erreur (par ex., "Error", "TypeError", "ReferenceError"). Pour les erreurs standard, ceci est défini automatiquement. Pour `new Error()`, la valeur par défaut est "Error".
  - `error.message` : La chaîne descriptive que vous avez passée au constructeur.
  - `error.stack` (non standard mais largement supporté) : Une chaîne contenant la trace de la pile – la séquence d'appels de fonction qui a conduit à l'erreur. C'est incroyablement utile pour le débogage.
- **Clarté** : Utiliser `instanceof Error` dans un bloc `catch` peut aider à différencier les erreurs levées intentionnellement d'autres exceptions potentielles.
- **Types d'Erreurs Intégrés** : JavaScript a plusieurs constructeurs d'erreur intégrés qui héritent de `Error`, représentant des catégories spécifiques d'erreurs :
  - `SyntaxError` : Le code viole les règles de syntaxe de JavaScript (généralement attrapé par le moteur *avant* l'exécution).
  - `ReferenceError` : Tentative d'accès à une variable qui n'a pas été déclarée.
  - `TypeError` : Une opération est effectuée sur une valeur d'un type inapproprié (par ex., appeler une méthode sur `null`, traiter une chaîne comme une fonction).
  - `RangeError` : Un nombre est en dehors de sa plage autorisée (par ex., longueur de tableau invalide).
  - `URIError` : Problème d'encodage ou de décodage d'une URI.

Vous pouvez utiliser ces types d'erreurs plus spécifiques lorsque vous levez vos propres erreurs si elles correspondent à la situation :

```
function accederTableau(tab, indice) {
```

```
    if (indice < 0 || indice >= tab.length) {
        throw new RangeError(`L'indice ${indice} est hors limites pour un
tableau de longueur ${tab.length}`);
    }
    return tab[indice];
}

try {
    let couleurs = ["rouge", "vert"];
    console.log(accederTableau(couleurs, 1)); // *Sortie : vert*
    console.log(accederTableau(couleurs, 5)); // *Lève RangeError*
} catch (erreur) {
    console.error(`Erreur Attrapée : ${erreur.name} - ${erreur.message}`);
    // *Sortie : Erreur Attrapée : RangeError - L'indice 5 est hors limites pour
un tableau de longueur 2*
}
```

Stratégies de Gestion des Erreurs

Ok, nous savons *comment* attraper et lever des erreurs, mais *où* et *comment* devrions-nous appliquer cela ?

- **Soyez Spécifique** : Attrapez les erreurs aussi près que possible de l'endroit où elles pourraient se produire si vous pouvez les gérer de manière significative là. Évitez les blocs `try...catch` trop larges autour de gros morceaux de code, sauf s'il s'agit d'une journalisation générale de haut niveau.
- **N'Avalez Pas les Erreurs** : Évitez les blocs `catch` vides (`catch (erreur) {}`). Au minimum, enregistrez l'erreur (`console.error(erreur)`) afin de savoir que quelque chose s'est mal passé pendant le développement. Ignorer silencieusement les erreurs rend le débogage presque impossible.
- **Retour Utilisateur** : Ne montrez pas les messages d'erreur techniques bruts (`erreur.message`, `erreur.stack`) directement aux utilisateurs finaux. Attrapez l'erreur technique, enregistrez-la pour vous-même, et affichez un message convivial expliquant le problème en termes simples et suggérant des solutions si possible.
- **Promesses** : Rappelez-vous que `.catch()` est la manière idiomatique de gérer les erreurs dans les chaînes de Promesses, bien que `try...catch` avec `await` atteigne le même objectif dans les fonctions `async`.
- **Nettoyage** : Utilisez `finally` pour le code qui *doit* s'exécuter pour nettoyer les ressources, indépendamment du succès ou de l'échec.

Résumé du Chapitre

Ce chapitre vous a équipé des outils essentiels pour la **Gestion des Erreurs** en JavaScript. Nous avons appris qu'anticiper et gérer les erreurs est crucial pour créer des applications robustes et conviviales. Nous avons exploré l'instruction fondamentale `try...catch` pour gérer les erreurs synchrones et les erreurs levées par `await`. Nous avons vu comment le bloc optionnel `finally` fournit un mécanisme fiable pour exécuter du code de nettoyage. Nous avons appris comment signaler des problèmes dans notre propre logique en **levant** des erreurs personnalisées avec l'instruction `throw`, en soulignant la meilleure pratique de lever des instances de l'objet intégré `Error` (ou ses descendants comme `TypeError`, `RangeError`) pour fournir des informations d'erreur standardisées (`name`, `message`, `stack`). Enfin, nous avons abordé des stratégies pratiques pour appliquer ces outils efficacement.

Avec la capacité de gérer les erreurs gracieusement et de gérer efficacement les opérations asynchrones, notre code devient beaucoup plus résilient. Cependant, à mesure que les applications grandissent, garder tout notre code – fonctions, variables, définitions d'objets – dans un seul fichier devient impraticable. Nous avons besoin de moyens pour organiser notre code en unités logiques et réutilisables. Dans le prochain chapitre, nous explorerons les **Modules**, le système de JavaScript pour diviser le code en plusieurs fichiers et partager les fonctionnalités entre eux.

16

Modules

À mesure que nos applications JavaScript gagnent en complexité, ajoutant plus de fonctions, d'objets, de variables et de logique, tout conserver dans un seul fichier `.js` devient de plus en plus difficile. Imaginez un livre où chaque mot, phrase et paragraphe de chaque chapitre serait écrit séquentiellement dans un énorme rouleau – trouver des informations spécifiques, faire des modifications ou réorganiser des sections serait un cauchemar ! De même, les grands projets JavaScript entassés dans un seul fichier souffrent de :

- **Mauvaise Lisibilité** : Il est difficile de naviguer et de comprendre la structure globale.
- **Collisions de Noms** : Différentes parties du code pourraient accidentellement utiliser les mêmes noms de variables ou de fonctions, entraînant des écrasements inattendus et des bugs (en particulier la pollution de la portée globale, comme nous l'avons vu au Chapitre 9).
- **Maintenance Difficile** : Changer un morceau de logique pourrait involontairement casser une autre partie non liée.
- **Manque de Réutilisabilité** : Extraire une fonction ou un composant utile pour l'utiliser dans un autre projet devient un exercice fastidieux de copier-coller.

Nous avons besoin d'un moyen de décomposer notre code en unités logiques plus petites, autonomes. C'est là que les **Modules** entrent en jeu. Les modules vous permettent de diviser votre code JavaScript en plusieurs fichiers, en regroupant les fonctionnalités associées. Chaque module peut alors choisir quelles parties de son code (variables, fonctions, classes, etc.) rendre disponibles pour que d'autres modules les utilisent (`export`) et sur quels modules il doit s'appuyer (`import`). Ce chapitre explore le système de modules standard intégré au JavaScript moderne, connu sous le nom de Modules ES (ECMAScript Modules).

Le Besoin de Modules

Avant que les Modules ES ne deviennent la norme, la communauté JavaScript a conçu divers modèles et systèmes pour s'attaquer au problème de l'organisation du code :

- **Le Modèle Module (utilisant les IIFE)** : Impliquait d'envelopper le code dans des Expressions de Fonction Immédiatement Invoquées (IIFE) pour créer une portée privée et exposer sélectivement des interfaces publiques. Bien qu'astucieux, il reposait sur des conventions et pouvait être verbeux.
- **Asynchronous Module Definition (AMD)** : Popularisé par RequireJS, utilisé principalement dans les navigateurs pour charger les modules de manière asynchrone.
- **CommonJS (CJS)** : Le système de modules traditionnellement utilisé par Node.js côté serveur, utilisant `require()` pour importer et `module.exports` pour exporter.

Bien que vous puissiez rencontrer ces anciens systèmes (en particulier CommonJS dans les environnements Node.js ou le code hérité), les **Modules ES (ESM)** sont le système de modules officiel et standardisé spécifié par ECMAScript et pris en charge nativement par les navigateurs modernes et Node.js. ESM fournit une syntaxe déclarative plus propre, intégrée directement dans le langage. Ce chapitre se concentre exclusivement sur les Modules ES.

Modules ES (ESM)

Les principes fondamentaux des Modules ES sont simples :

1. **Basé sur les Fichiers** : Chaque fichier (`.js`) est traité comme un module distinct.
2. **Portée de Module** : Les variables, fonctions et classes déclarées au niveau supérieur dans un fichier module sont **locales** à ce module par défaut. Elles ne sont pas automatiquement ajoutées à la portée globale.
3. **Exportations Explicites** : Pour rendre quelque chose défini dans un module accessible à d'autres modules, vous devez explicitement l'**exporter** en utilisant le mot-clé `export`.

4. **Importations Explicites** : Pour utiliser les fonctionnalités exportées par un autre module, vous devez explicitement les **importer** dans votre module actuel en utilisant le mot-clé `import`.

5. **Mode Strict** : Le code de module s'exécute automatiquement en mode strict de JavaScript (ce qui aide à attraper les erreurs courantes et impose une syntaxe plus stricte) sans avoir besoin de `"use strict";`.

Ce système favorise l'encapsulation, empêche la pollution de la portée globale et rend les dépendances claires.

Exporter du Code

Imaginons que nous ayons un fichier nommé `utilitaires.js` où nous définissons quelques fonctions d'aide. Nous devons les exporter pour que d'autres fichiers puissent les utiliser.

Exportations Nommées

Vous pouvez exporter plusieurs valeurs d'un module par leur nom. Il y a deux manières de faire cela :

1. Exportations en Ligne : Placez le mot-clé `export` directement avant la déclaration de la variable, fonction ou classe que vous souhaitez exporter.

```
// Fichier : utilitaires.js

export const PI = 3.14159;

export function calculerCirconference(rayon) {
  return 2 * PI * rayon;
}

export function calculerAire(rayon) {
  return PI * rayon * rayon;
}

// *Cette fonction N'EST PAS exportée, elle est locale à utilitaires.js*
function logCalcul(valeur) {
  console.log("Valeur calculée :", valeur);
}
```

2. Liste d'Exportation : Déclarez vos éléments normalement, puis listez ceux que vous voulez exporter dans une instruction `export` à la fin du fichier (ou n'importe où au niveau supérieur). Vous pouvez également renommer les exportations en utilisant le mot-clé as.

```javascript
// Fichier : config.js

const cleApi = "xyz123abc";
const delaiParDefaut = 5000; // *millisecondes*

function connecterApi() {
  console.log(`Connexion avec la clé API : ${cleApi}`);
  // ... logique de connexion ...
}

// *Exporter des éléments spécifiques à la fin*
export { cleApi, delaiParDefaut as dureeDelai, connecterApi };

// *cleApi est exporté comme 'cleApi'*
// *delaiParDefaut est exporté comme 'dureeDelai'*
// *connecterApi est exporté comme 'connecterApi'*
```

Les exportations nommées permettent aux consommateurs de votre module d'importer uniquement les éléments spécifiques dont ils ont besoin.

Exportations par Défaut

Parfois, un module est principalement conçu pour exporter une seule chose principale, comme une définition de classe ou un objet de configuration principal. Pour cela, vous pouvez utiliser une **exportation par défaut**. Un module peut avoir **au plus une** exportation par défaut.

```javascript
// Fichier : ProfilUtilisateur.js

// *Exporter une classe comme exportation par défaut*
export default class ProfilUtilisateur {
  constructor(nom, email) {
    this.nom = nom;
    this.email = email;
  }

  afficherInfos() {
    console.log(`Nom : ${this.nom}, Email : ${this.email}`);
  }
}

// *Vous pourriez aussi exporter une fonction ou une valeur par défaut :*
```

```
// export default function direBonjour() { ... }
// export default { theme: 'sombre', taillePolice: 12 };
```

Vous n'utilisez pas de nom immédiatement après `export default` (sauf si vous exportez une fonction ou une classe nommée déjà déclarée). Le module importateur choisit le nom lors de l'importation de la valeur par défaut.

Note : Bien que vous *puissiez* combiner des exportations nommées et une exportation par défaut dans le même module, il est souvent plus clair de s'en tenir principalement à un style (principalement nommé ou principalement par défaut) au sein d'un seul module si possible.

Importer du Code

Maintenant, disons que nous avons un autre fichier, `principal.js`, et que nous voulons utiliser les fonctionnalités exportées depuis `utilitaires.js`, `config.js`, et `ProfilUtilisateur.js`. Nous utilisons l'instruction `import` en haut de `principal.js`.

Importer des Exportations Nommées

Pour importer des valeurs qui ont été exportées par nom, vous utilisez des accolades {} listant les noms spécifiques que vous voulez.

```
// Fichier : principal.js

// *Importer des exportations nommées spécifiques depuis utilitaires.js*
import { calculerAire, calculerCirconference, PI } from './utilitaires.js';

// *Importer des exportations nommées depuis config.js, en utilisant l'alias
exporté*
import { cleApi, dureeDelai } from './config.js';

console.log(`PI vaut approximativement : ${PI}`);
let rayon = 5;
let aire = calculerAire(rayon);
let circonference = calculerCirconference(rayon);

console.log(`Rayon : ${rayon}, Aire : ${aire}, Circonférence : $
{circonference}`);
console.log(`Utilisation Clé API : ${cleApi}, Délai : ${dureeDelai}ms`);

// *Tenter d'utiliser des éléments non exportés échouera :*
```

```
// logCalcul(aire); // Erreur : logCalcul is not defined
```

Renommer les Importations : Si le nom importé entre en conflit avec une variable existante dans votre module actuel, ou si vous préférez simplement un nom différent, vous pouvez renommer les importations en utilisant as.

```
// Fichier : principal.js (importation alternative)
import { calculerAire as calculerAireCercle, PI as constanteCercle } from
'./utilitaires.js';

let rayon = 10;
let aire = calculerAireCercle(rayon); // *Utiliser le nouveau nom*
console.log(`Constante Cercle : ${constanteCercle}, Aire : ${aire}`);
```

Importation d'Espace de Noms (Namespace Import) : Si vous voulez importer *toutes* les exportations nommées d'un module comme propriétés d'un seul objet, vous pouvez utiliser la syntaxe d'importation d'espace de noms (* as NomModule).

```
// Fichier : principal.js (importation alternative)
import * as Utilitaires from './utilitaires.js'; // *Importer tout dans l'objet
'Utilitaires'*
import * as Config from './config.js';

let rayon = 2;
let aire = Utilitaires.calculerAire(rayon); // *Accès via
Utilitaires.calculerAire*
let circonference = Utilitaires.calculerCirconference(rayon);
console.log(`Rayon : ${rayon}, Aire : ${aire}, Circonférence : $
{circonference}`);
console.log(`Clé API Config : ${Config.cleApi}`);
```

Importer des Exportations par Défaut

Lors de l'importation d'une exportation par défaut, vous n'utilisez pas d'accolades. Vous fournissez simplement un nom (qui peut être ce que vous voulez) pour la valeur importée.

```
// Fichier : principal.js (suite)

// *Importer l'exportation par défaut depuis ProfilUtilisateur.js*
// *Nous pouvons choisir n'importe quel nom ici, 'ProfilUtilisateur' est
conventionnel*
```

```
import ProfilUtilisateur from './ProfilUtilisateur.js';

const utilisateur1 = new ProfilUtilisateur("Bob", "bob@example.com");
utilisateur1.afficherInfos(); // *Sortie : Nom : Bob, Email : bob@example.com*
```

Importer à la Fois des Exportations par Défaut et Nommées

Si un module fournit à la fois une exportation par défaut et des exportations nommées, vous pouvez les importer ensemble dans une seule instruction. L'importation par défaut vient en premier, suivie des importations nommées entre accolades.

```
// *Supposons que 'moduleX.js' contient : export default function
actionPrincipale() {...}*
// *et : export const version = '1.0';*

import actionPrincipale, { version } from './moduleX.js';

console.log(`Exécution de la version du module : ${version}`);
actionPrincipale();
```

Chemins de Fichiers

La chaîne suivant le mot-clé from spécifie le chemin vers le fichier module.

- **Chemins Relatifs** : Les chemins commençant par ./ (répertoire courant) ou ../ (répertoire parent) sont relatifs à l'emplacement du fichier module *actuel*. C'est la manière la plus courante de lier vos propres modules de projet.
  - './utilitaires.js'
  - '../composants/Bouton.js'
- **Chemins Absolus** : Les chemins commençant par / se rapportent à la racine du domaine (moins courant pour les importations de modules).
- **Spécificateurs Nus (Bare Specifiers)** : Noms de modules qui ne commencent pas par ., .., ou / (par ex., 'lodash' ou 'react'). Ceux-ci font généralement référence à des bibliothèques externes installées via un gestionnaire de paquets (comme npm) et nécessitent une configuration spécifique ou des outils de build pour être résolus correctement. Nous n'entrerons pas dans la gestion des paquets ici.

Extensions de Fichiers : Dans les navigateurs, vous **devez** généralement inclure l'extension de fichier `.js` (ou `.mjs` dans certains contextes) dans vos chemins d'importation. Node.js a des règles qui permettent parfois d'omettre l'extension, mais être explicite est souvent plus sûr.

Modules en HTML (`<script type="module">`)

Pour utiliser les Modules ES directement dans un navigateur web, vous devez indiquer au navigateur que votre fichier script *est* un module. Vous faites cela en ajoutant l'attribut `type="module"` à votre balise `<script>` dans le fichier HTML.

```html
<!DOCTYPE html>
<html>
<head>
    <title>Utilisation des Modules</title>
    <!-- CSS, etc. -->
</head>
<body>
    <h1>Mon Appli Modulaire</h1>
    <!-- Contenu -->

    <!-- Charger le script point d'entrée principal comme un module -->
    <script type="module" src="principal.js"></script>

    <!-- Vous pouvez aussi avoir des scripts module en ligne -->
    <!-- <script type="module">
      import { uneFonction } from './autreModule.js';
      uneFonction();
    </script> -->
</body>
</html>
```

Comportements clés de `<script type="module">` :

- **Active** `import`/`export` : Permet l'utilisation de la syntaxe des Modules ES dans le script et tous les modules qu'il importe.
- **Exécution Différée** : Les scripts module se comportent par défaut comme des scripts avec l'attribut `defer`. Ils sont téléchargés potentiellement en parallèle, mais exécutés seulement *après* que le document HTML a été entièrement analysé, en conservant leur ordre relatif.

- **Portée de Module** : Les variables de niveau supérieur déclarées dans un script module sont locales à ce script, non globales.
- **Mode Strict** : Activé par défaut.

Structurer des Projets avec des Modules

Les modules encouragent naturellement une meilleure organisation de projet :

- **Séparation des Préoccupations** : Regroupez les fonctions, classes ou données liées dans leurs propres fichiers (par ex., `clientApi.js`, `utilitairesDom.js`, `validationUtilisateur.js`).
- **Répertoires** : Utilisez des répertoires pour regrouper les modules liés (par ex., `src/composants/`, `src/assistants/`, `src/services/`).
- **Dépendances Claires** : Les instructions `import` en haut d'un fichier documentent clairement de quelles autres parties du système le module dépend.
- **Refactoring** : Modifier les internes d'un module est moins susceptible d'en casser d'autres, tant que l'interface exportée reste cohérente.
- **Tests** : Les modules autonomes sont généralement plus faciles à tester de manière isolée.

Portée de Module Revisitée

Il convient de souligner à nouveau : déclarer une variable ou une fonction au niveau supérieur à l'intérieur d'un fichier traité comme un module ne la rend *pas* globale.

```
// Fichier : moduleUn.js
let message = "Bonjour depuis Module Un"; // *Local à moduleUn.js*

export function saluer() {
  console.log(message);
}

// Fichier : moduleDeux.js
import { saluer } from './moduleUn.js';

let message = "Salut depuis Module Deux"; // *Local à moduleDeux.js - PAS de
conflit !*

saluer(); // *Sortie : Bonjour depuis Module Un*
console.log(message); // *Sortie : Salut depuis Module Deux*
```

Les modules fournissent une véritable encapsulation, résolvant le problème de pollution de l'espace de noms global qui a tourmenté les anciens modèles de développement JavaScript.

Importations Dynamiques (Brève Mention)

Alors que les instructions `import` standard doivent être au niveau supérieur d'un module, il existe également un moyen de charger des modules dynamiquement ou conditionnellement en utilisant la syntaxe de type fonction `import()`. `import(cheminModule)` commence le chargement du module et retourne une **Promesse** qui s'accomplit avec l'objet espace de noms du module une fois le chargement terminé.

```
// *Charger './analytique.js' seulement si l'utilisateur clique sur un bouton
spécifique*
const boutonSuivi = document.getElementById('btnSuivi');

boutonSuivi.addEventListener('click', () => {
  import('./analytique.js') // *Retourne une Promesse*
    .then(ModuleAnalytique => {
      // *Module chargé avec succès*
      ModuleAnalytique.suivreEvenement('clic_bouton');
    })
    .catch(erreur => {
      console.error("Échec du chargement du module analytique :", erreur);
    });
});
```

C'est plus avancé mais essentiel pour des techniques comme le **fractionnement du code (code splitting)** (charger des parties de votre application uniquement lorsque nécessaire) afin d'améliorer les performances de chargement initial de la page.

Résumé du Chapitre

Ce chapitre a abordé la tâche critique d'organisation de bases de code JavaScript plus importantes en utilisant les **Modules ES (ESM)**. Nous avons vu comment les modules résolvent les problèmes de pollution de la portée globale et de collisions de noms en donnant à chaque fichier sa propre **portée de module**. Nous avons appris comment rendre les fonctionnalités disponibles en utilisant `export` (à la fois les **exportations nommées** pour plusieurs éléments et les **exportations par défaut** pour un élément principal unique) et comment consommer ces fonctionnalités dans d'autres modules en utilisant import (importation par nom {...}, utilisation d'alias as, importations d'espace de noms * as Nom, et importation de valeurs par défaut). Nous avons couvert comment activer les modules dans le navigateur en utilisant <script type="module"> et discuté des avantages que les modules apportent à la structure du projet, à la maintenabilité et à la réutilisabilité. Nous avons également brièvement abordé les importations dynamiques avec import().

Avec les modules, vous pouvez structurer votre code logiquement, le rendant plus facile à gérer, à tester et à collaborer. Maintenant que nous pouvons organiser notre code et gérer les opérations asynchrones, nous sommes prêts à aborder une tâche asynchrone courante dans le développement web : communiquer avec les serveurs pour récupérer ou envoyer des données en utilisant des API. Dans le prochain chapitre, nous explorerons comment utiliser l'API fetch pour effectuer des requêtes réseau.

17

Travailler avec les API

Dans le chapitre précédent, nous avons maîtrisé les Modules, apprenant à organiser notre code en fichiers séparés et réutilisables. Nous avons également abordé les opérations asynchrones en utilisant les Callbacks, les Promesses, et l'élégante syntaxe `async/await` (Chapitres 12-14). Maintenant, nous sommes prêts à appliquer ces concepts à l'une des tâches asynchrones les plus courantes dans le développement web : communiquer avec des serveurs.

Les applications web modernes existent rarement en isolation. Elles ont souvent besoin de récupérer des données d'une source centrale (comme des informations sur les produits, des profils utilisateur ou des articles de nouvelles), d'envoyer des entrées utilisateur pour être sauvegardées (comme soumettre un formulaire ou poster un commentaire), ou d'interagir avec des services tiers (comme obtenir des informations météorologiques ou traiter des paiements). Cette communication se fait sur le réseau, typiquement entre le navigateur de l'utilisateur (le client) et un ordinateur distant (le serveur). Les règles et contrats qui régissent la manière dont ces différents composants logiciels communiquent entre eux sont définis par les **Interfaces de Programmation d'Application (API)**. Ce chapitre vous introduit au monde des API web et vous montre comment utiliser l'API `fetch` intégrée de JavaScript pour effectuer des requêtes réseau et gérer les réponses, souvent en utilisant le format de données populaire JSON.

Qu'est-ce qu'une API ?

Imaginez aller au restaurant. Vous n'entrez pas dans la cuisine pour commencer à cuisiner votre propre nourriture. Au lieu de cela, vous interagissez avec un **menu** (qui liste les options disponibles et ce qu'elles contiennent) et un **serveur** (qui prend votre commande, la transmet à la cuisine et vous rapporte la nourriture).

Dans le monde du logiciel, une **API (Interface de Programmation d'Application)** agit comme ce système de menu et de serveur. C'est un ensemble défini de règles, protocoles et outils qui permet à différentes applications ou composants logiciels de communiquer et d'interagir entre eux sans avoir besoin de connaître les détails complexes de leur fonctionnement interne.

Dans le contexte du développement web, nous parlons souvent d'**API Web**. Ce sont des API accessibles sur Internet en utilisant le protocole HTTP (le même protocole que votre navigateur utilise pour charger les pages web). Un serveur expose une API web, définissant des **points de terminaison (endpoints)** spécifiques (URL) auxquels le client (comme votre code JavaScript s'exécutant dans le navigateur) peut envoyer des requêtes. Ces requêtes peuvent demander des données (`GET`), envoyer de nouvelles données à créer (`POST`), mettre à jour des données existantes (`PUT` ou `PATCH`), ou supprimer des données (`DELETE`). Le serveur traite la requête et renvoie une réponse, contenant généralement les données demandées ou une confirmation de statut.

Avantages clés de l'utilisation des API :

- **Abstraction** : Le client n'a pas besoin de savoir *comment* le serveur stocke les données ou effectue sa logique interne ; il a juste besoin de savoir comment faire des requêtes selon les règles de l'API.
- **Modularité** : Différentes parties d'un système (front-end, back-end, application mobile) peuvent être développées indépendamment tant qu'elles respectent le contrat de l'API.
- **Réutilisabilité** : Une seule API sur le serveur peut servir plusieurs clients (navigateurs web, applications mobiles, autres serveurs).

Comprendre les API REST

Bien qu'il existe différents styles d'API web (comme SOAP ou GraphQL), un style architectural très courant et influent est **REST (Representational State Transfer)**. De nombreuses API web que vous rencontrerez sont conçues selon les principes REST, souvent appelées **API RESTful**.

Concepts fondamentaux de REST :

1. **Ressources** : Tout est traité comme une ressource (par ex., un utilisateur, un produit, une collection d'articles). Chaque ressource est identifiée par une URL unique (Uniform Resource Locator), également appelée point de terminaison.
   - `/api/utilisateurs` (Représente une collection d'utilisateurs)
   - `/api/utilisateurs/123` (Représente un utilisateur spécifique avec l'ID 123)
   - `/api/produits/45` (Représente un produit spécifique)

2. **Méthodes HTTP (Verbes)** : Les méthodes HTTP standard sont utilisées pour effectuer des actions (CRUD - Créer, Lire, Mettre à jour, Supprimer) sur ces ressources.
   - `GET` : Récupérer une ressource (par ex., `GET /api/utilisateurs/123` pour obtenir les détails de l'utilisateur 123).
   - `POST` : Créer une nouvelle ressource (par ex., `POST /api/utilisateurs` avec les données utilisateur dans le corps de la requête pour créer un nouvel utilisateur).
   - `PUT` : Mettre à jour/remplacer complètement une ressource existante (par ex., `PUT /api/utilisateurs/123` avec les données utilisateur mises à jour complètes).
   - `PATCH` : Mettre à jour partiellement une ressource existante (par ex., `PATCH /api/utilisateurs/123` avec juste le champ email pour ne mettre à jour que l'email).
   - `DELETE` : Supprimer une ressource (par ex., `DELETE /api/utilisateurs/123` pour supprimer l'utilisateur 123).

3. **Représentations** : Les clients interagissent avec des représentations de ressources. Lorsque vous demandez `/api/utilisateurs/123`, vous n'obtenez pas l'enregistrement réel de la base de données ; vous obtenez une *représentation* des données de cet utilisateur, couramment dans un format standard comme JSON.

4. **Sans État (Statelessness)** : Chaque requête du client au serveur doit contenir toutes les informations nécessaires pour que le serveur la comprenne et la traite. Le serveur ne stocke aucun contexte client entre les requêtes. (L'authentification est souvent gérée via des jetons passés dans les en-têtes).

Comprendre ces concepts REST vous aide à interpréter la documentation des API et à structurer efficacement vos requêtes côté client.

Faire des Requêtes avec l'API `fetch`

Les navigateurs modernes fournissent une fonction puissante et flexible pour effectuer des requêtes réseau : `fetch()`. Elle est basée sur les Promesses, ce qui la fait s'intégrer parfaitement aux modèles asynchrones que nous avons appris aux Chapitres 13 et 14 (`.then`/`.catch` et `async`/`await`).

La syntaxe de base pour une simple requête GET est :

```
fetch(urlRessource) // *Passer l'URL du point de terminaison de l'API*
  .then(reponse => {
    // *Gérer l'objet Réponse initial*
  })
  .catch(erreur => {
    // *Gérer les erreurs réseau*
  });
```

- `fetch(urlRessource)` : Initie la requête réseau vers l'URL spécifiée. Par défaut, elle effectue une requête `GET`.
- **Retourne une Promesse** : Crucialement, `fetch()` retourne immédiatement une Promesse. Cette Promesse ne se résout pas directement avec les données réelles. À la place, elle se résout avec un objet `Response` dès que le serveur renvoie les en-têtes de la réponse. Elle ne rejette que s'il y a une erreur réseau fondamentale empêchant la requête de se terminer (comme un problème DNS ou l'utilisateur étant hors ligne).

Essayons de récupérer quelques données d'une API publique d'exemple (JSONPlaceholder est excellent pour tester) :

```
const urlApi = 'https://jsonplaceholder.typicode.com/posts/1'; // *URL pour une
seule publication*

console.log("Initiation de la requête fetch...");

fetch(urlApi)
  .then(reponse => {
    // *Nous obtenons l'objet Response ici, PAS encore les données finales*
    console.log("Réponse initiale reçue :", reponse);
    // *Nous devons traiter le corps de la réponse pour obtenir les données
(étape suivante)*
    // *Nous ajouterons bientôt le traitement du corps*
  })
  .catch(erreur => {
```

```
    // *Ceci attrape UNIQUEMENT les erreurs réseau*
    console.error("Fetch a échoué à cause d'une erreur réseau :", erreur);
  });

  console.log("Requête fetch initiée, en attente de la réponse...");
```

L'exécution de ceci vous montrera un objet `Response` enregistré dans la console, mais pas encore les données réelles de la publication. Nous devons traiter le corps de la réponse.

Gérer les Réponses

L'objet `Response` avec lequel la Promesse `fetch` se résout fournit des informations sur la réponse (comme le code de statut) et des méthodes pour lire le contenu du corps de la réponse. La lecture du corps est *également* une opération asynchrone car le corps entier pourrait ne pas être arrivé lorsque les en-têtes l'ont fait. Par conséquent, les méthodes de lecture du corps *retournent également des Promesses*.

Propriétés et méthodes clés de `Response` :

- `response.ok` : Une propriété booléenne qui est `true` si le code de statut HTTP est dans la plage de succès (200-299) et `false` sinon (par ex., pour 404 Non Trouvé, 500 Erreur Interne du Serveur). **Ceci est crucial pour vérifier le succès au niveau applicatif.**
- `response.status` : Le code de statut HTTP numérique (par ex., 200, 404, 503).
- `response.statusText` : Une chaîne correspondant au code de statut (par ex., "OK", "Not Found").
- `response.headers` : Un objet `Headers` contenant les en-têtes de réponse.
- `response.json()` : Lit le corps de la réponse et tente de l'analyser comme du JSON. Retourne une Promesse qui se résout avec l'objet ou le tableau JavaScript résultant.
- `response.text()` : Lit le corps de la réponse et retourne une Promesse qui se résout avec le corps sous forme de chaîne de caractères brute.
- `response.blob()` : Lit le corps de la réponse et retourne une Promesse qui se résout avec un objet `Blob` (utile pour les images, fichiers, données binaires).

Maintenant, gérons correctement la réponse et extrayons les données JSON :

```
const urlApi = 'https://jsonplaceholder.typicode.com/posts/1';
```

```
console.log("Récupération des données de la publication...");

fetch(urlApi)
  .then(reponse => {
    console.log("Statut Réponse Initiale :", reponse.status); // *par ex., 200*
    console.log("Réponse OK ?", reponse.ok); // *par ex., true*

    // *Vérifier si le statut de la réponse indique un succès*
    if (!reponse.ok) {
      // *Si pas OK (par ex., 404, 500), lever une erreur pour
déclencher .catch()*
      throw new Error(`Erreur HTTP ! statut : ${reponse.status}`);
    } else {
      // *Si OK, analyser de manière asynchrone le corps JSON*
      // *Retourner la promesse de response.json() pour le prochain .then()*
      return reponse.json();
    }
  })
  .then(donneesPublication => {
    // *Ce .then reçoit les données JSON analysées depuis response.json()*
    console.log("--- Données Publication Reçues ---");
    console.log("Titre :", donneesPublication.title);
    console.log("Corps :", donneesPublication.body);
    console.log("ID Utilisateur :", donneesPublication.userId);
    console.log("------------------------------");
  })
  .catch(erreur => {
    // *Attrape à la fois les erreurs réseau ET l'erreur levée si reponse.ok
était faux*
    console.error("Erreur lors de la récupération ou du traitement des
données :", erreur);
  });

console.log("Fetch initié...");
```

Ce modèle est très courant :

1. Appeler `fetch()`.
2. Dans le premier `.then()`, vérifier `response.ok`.
3. Si pas ok, `throw new Error()`.
4. Si ok, appeler `response.json()` (ou `.text()`, etc.) et `return` sa Promesse.
5. Dans le second `.then()`, traiter les données réelles reçues de la méthode d'analyse du corps.
6. Utiliser `.catch()` pour gérer toutes les erreurs survenues en cours de route.

Travailler avec les Données JSON

JSON (JavaScript Object Notation) est un format d'échange de données textuel léger. Il est facile à lire et à écrire pour les humains et facile à analyser et à générer pour les machines (surtout JavaScript). C'est le standard de facto pour la plupart des API web.

La syntaxe JSON ressemble beaucoup aux littéraux d'objet JavaScript, mais avec des règles plus strictes :

- Les clés **doivent** être des chaînes de caractères entre guillemets doubles (`"cle"`).
- Les valeurs peuvent être des chaînes (entre guillemets doubles), des nombres, des booléens (`true`/`false`), des tableaux (`[...]`), d'autres objets JSON (`{...}`), ou `null`.
- Pas de fonctions, `undefined`, commentaires, ou virgules finales autorisés.

Exemple JSON :

```
{
  "idProduit": "ABC-789",
  "nomProduit": "Clavier sans fil",
  "prix": 75.50,
  "enStock": true,
  "etiquettes": ["ordinateur", "périphérique", "sans fil"],
  "specs": {
    "disposition": "AZERTY",
    "couleur": "Noir"
  },
  "avis": null
}
```

- **Analyser JSON (Réponse Serveur -> Objet JS)** : Comme nous l'avons vu, `response.json()` gère cela automatiquement lors de l'utilisation de `fetch`. Il prend le texte JSON du corps de la réponse et le convertit en un objet ou tableau JavaScript correspondant avec lequel vous pouvez travailler directement.

- **Transformer en chaîne JSON (Objet JS -> Chaîne JSON)** : Lorsque vous devez *envoyer* des données à un serveur dans un format qu'il comprend (comme dans le corps d'une requête `POST` ou `PUT`), vous devez souvent convertir vos objets ou tableaux JavaScript en une chaîne JSON. JavaScript fournit l'objet intégré `JSON` pour cela :

- `JSON.stringify(valeur)` : Prend une valeur JavaScript (objet, tableau, primitive) et retourne sa représentation en chaîne JSON.

```
const utilisateurAEnvoyer = {
  nom: "Charlie",
  email: "charlie@example.com",
  estAdmin: false,
  derniereConnexion: new Date() // *Les dates n'ont pas d'équivalent
JSON direct*
};

const chaineJson = JSON.stringify(utilisateurAEnvoyer);
console.log(chaineJson);
// *Sortie (La date sera convertie en chaîne ISO) :*
//
{"nom":"Charlie","email":"charlie@example.com","estAdmin":false,"dernier
eConnexion":"2023-10-27T10:30:00.123Z"}

// *Note : Les propriétés avec des valeurs undefined, des valeurs de
fonction, ou des Symboles*
// *sont généralement omises par JSON.stringify().*
```

Configurer les Requêtes (Méthode, En-têtes, Corps)

`fetch()` peut faire bien plus que de simples requêtes GET. Vous pouvez personnaliser la requête en passant un second argument optionnel : un **objet d'options**.

```
fetch(urlRessource, {
  method: 'POST', // *ou 'GET', 'PUT', 'DELETE', 'PATCH', etc.*
  headers: {
    // *Les en-têtes de requête vont ici*
  },
  body: /* ... Données du corps de la requête ... */
});
```

Les options courantes incluent :

- `method` : Une chaîne spécifiant la méthode HTTP. Vaut `'GET'` par défaut.
- `headers` : Un objet (ou un objet `Headers`) spécifiant les en-têtes de requête. Les en-têtes fournissent des informations supplémentaires sur la requête (par ex., le type de données envoyées, les identifiants d'authentification).

- 'Content-Type' : Très important lors de l'envoi de données. Indique au serveur le format des données du body. Pour JSON, utilisez 'application/json'.
- 'Authorization' : Souvent utilisé pour envoyer des clés API ou des jetons pour l'authentification (par ex., 'Bearer votre_jeton_ici').
- 'Accept' : Indique au serveur les types de contenu que le client préfère pour la réponse (par ex., 'application/json').
- body : La charge utile de données à envoyer avec la requête. Requis pour les méthodes comme POST, PUT, PATCH.
  - Doit être une chaîne, un Blob, un FormData, ou un type de données similaire.
  - Lors de l'envoi d'objets JavaScript en JSON, vous **devez** d'abord les transformer en chaîne avec JSON.stringify().

Mettre Tout Ensemble : Exemple de Requête POST

Simulons l'envoi d'une nouvelle publication de blog à notre API JSONPlaceholder (elle ne la sauvegardera pas réellement, mais simulera la réponse).

```
const urlCreationPost = 'https://jsonplaceholder.typicode.com/posts';

const nouvellesDonneesPost = {
  title: 'Ma Super Nouvelle Publication',
  body: "Ceci est le contenu de ma publication fantastique utilisant fetch !",
  userId: 10 // *Associer à un ID utilisateur*
};

console.log("Envoi de la requête POST...");

fetch(urlCreationPost, {
  method: 'POST', // *Spécifier la méthode*
  headers: {
    // *Indiquer au serveur que nous envoyons du JSON*
    'Content-Type': 'application/json'
  },
  // *Convertir l'objet JS en chaîne JSON pour le corps*
  body: JSON.stringify(nouvellesDonneesPost)
})
  .then(reponse => {
    console.log("Statut Réponse POST :", reponse.status); // *Devrait être 201
Created*
```

```
    if (!reponse.ok) {
      // *Vérifier les codes de statut non-2xx*
      throw new Error(`Erreur HTTP ! statut : ${reponse.status}`);
    }
    // *Analyser la réponse JSON (généralement l'objet créé avec un ID)*
    return reponse.json();
  })
  .then(publicationCreee => {
    console.log("--- Publication Créée avec Succès ---");
    console.log("Publication Créée :", publicationCreee); // *Inclura un ID
assigné par le serveur*
    console.log("---------------------------------");
  })
  .catch(erreur => {
    console.error("Erreur lors de la création de la publication :", erreur);
  });

console.log("Requête POST envoyée...");
```

Gestion des Erreurs avec `fetch`

C'est un point de confusion courant. Réitérons :

1. La Promesse retournée par `fetch()` elle-même **ne rejette que sur les erreurs réseau** (impossible de se connecter, échec de la recherche DNS, problèmes CORS appliqués par le navigateur). Elle ne rejette **pas** automatiquement pour les codes de statut d'erreur HTTP comme 404 ou 500.

2. Pour les erreurs au niveau applicatif indiquées par les statuts HTTP (erreurs client 4xx, erreurs serveur 5xx), la Promesse `fetch` **s'accomplit**, fournissant l'objet Response.

3. Vous **devez** vérifier manuellement la propriété `response.ok` (ou `response.status`) dans votre premier gestionnaire `.then()` pour détecter ces erreurs HTTP.

4. Si `response.ok` est `false`, vous devriez typiquement `throw new Error(...)` à l'intérieur de ce `.then()` pour propager l'erreur jusqu'à votre bloc `.catch()`, assurant une gestion cohérente des erreurs pour les erreurs réseau et HTTP.

```
// *Modèle fetch robuste utilisant async/await*
async function obtenirDonnees(url) {
  try {
    const reponse = await fetch(url);
```

```
      if (!reponse.ok) {
        // *Gérer les erreurs HTTP (4xx/5xx)*
        throw new Error(`Erreur HTTP : ${reponse.status} ${reponse.statusText}`);
      }

      const donnees = await reponse.json(); // *Analyser le corps JSON*
      return donnees; // *Retourner les données réussies*

   } catch (erreur) {
      // *Attraper à la fois les erreurs réseau (de fetch) et les erreurs HTTP
levées*
      console.error("obtenirDonnees a échoué :", erreur);
      // *Optionnellement, relancer l'erreur si l'appelant a besoin de savoir*
      throw erreur;
   }
}

// *Utilisation :*
obtenirDonnees('https://jsonplaceholder.typicode.com/todos/1')
   .then(tache => console.log("TÂCHE :", tache))
   .catch(err => console.error("Échec global de récupération des données de
tâche."));

obtenirDonnees('https://jsonplaceholder.typicode.com/todos/url-invalide') //
*Provoquera probablement 404*
   .then(tache => console.log("Tâche invalide :", tache))
   .catch(err => console.error("Échec global de récupération des données de tâche
invalide."));
```

Ce modèle `async`/`await` avec la vérification explicite `response.ok` est une manière très courante et robuste de gérer les requêtes `fetch`.

Résumé du Chapitre

Dans ce chapitre, nous avons exploré comment les applications JavaScript communiquent avec les serveurs en utilisant des **API**, en nous concentrant sur le style commun d'**API RESTful** qui utilise des URL pour les ressources et des méthodes HTTP (GET, POST, PUT, DELETE) pour les actions. Nous avons appris à effectuer des requêtes réseau depuis le navigateur en utilisant l'API moderne basée sur les Promesses `fetch`. Nous avons couvert la gestion de l'objet `Response` retourné par `fetch`, la vérification du statut avec `response.ok`, et la lecture asynchrone du corps de la réponse en utilisant des méthodes comme `response.json()` et `response.text()`. Nous avons discuté de **JSON** comme format de données standard pour les API et comment l'analyser (`response.json()`) et le créer (`JSON.stringify()`). Nous avons appris à configurer les requêtes `fetch` avec des options comme `method`, `headers` (surtout `Content-Type`), et `body` pour l'envoi de données. Enfin, nous avons clarifié les nuances de la **gestion des erreurs** avec `fetch`, en soulignant la nécessité de vérifier `response.ok` manuellement pour traiter les erreurs HTTP de manière cohérente avec les erreurs réseau.

Vous pouvez maintenant donner à vos applications web le pouvoir de récupérer des données dynamiques, de soumettre des entrées utilisateur et d'interagir avec le web élargi. Alors que nous approchons de la fin de notre parcours principal en JavaScript, le prochain chapitre mettra en lumière d'autres fonctionnalités puissantes et pratiques ajoutées au langage ces dernières années (souvent désignées comme ES6 et au-delà) qui rendent l'écriture de JavaScript encore plus efficace et expressive.

18

Fonctionnalités JavaScript Modernes (ES6+)

Vous avez parcouru le paysage essentiel de JavaScript, des variables et boucles aux fonctions, objets, opérations asynchrones avec les Promesses, et l'interaction avec le DOM. Vous possédez maintenant une solide compréhension du fonctionnement de JavaScript et de la manière de construire des applications web interactives. Cependant, JavaScript n'est pas un langage statique ; il évolue constamment. Depuis 2015, marqué par l'importante mise à jour ECMAScript 2015 (ES6), le langage a vu de nombreux ajouts conçus pour rendre le développement plus efficace, expressif et agréable. Ce chapitre met en lumière certaines des fonctionnalités JavaScript modernes les plus impactantes que vous rencontrerez et voudrez utiliser dans votre codage quotidien. Considérez-les comme de puissantes améliorations de votre boîte à outils JavaScript.

Fonctions Fléchées (=>)

L'un des ajouts les plus visibles et fréquemment utilisés d'ES6 est la syntaxe des **fonctions fléchées**. Elle offre une manière plus concise d'écrire des expressions de fonction.

Comparez une expression de fonction traditionnelle (Chapitre 8) avec son équivalent en fonction fléchée :

```
// Expression de Fonction Traditionnelle
const multiplierRegulier = function(a, b) {
  return a * b;
};

// Équivalent Fonction Fléchée
const multiplierFleche = (a, b) => {
  return a * b;
};

console.log(multiplierRegulier(5, 6)); // *Sortie : 30*
console.log(multiplierFleche(5, 6));   // *Sortie : 30*
```

Variations de syntaxe et caractéristiques clés :

- **Concision** : Remplace le mot-clé function par une "grosse flèche" (=>) séparant les paramètres du corps de la fonction.

- **Retour Implicite** : Si le corps de la fonction ne consiste qu'en une *unique expression*, vous pouvez omettre les accolades {} et le mot-clé return. Le résultat de l'expression est retourné automatiquement.

  ```
  // Fonction fléchée avec retour implicite
  const addition = (a, b) => a + b;
  console.log(addition(10, 5)); // *Sortie : 15*

  const doubler = nombre => nombre * 2; // *Parenthèses optionnelles pour
  un seul paramètre*
  console.log(doubler(7)); // *Sortie : 14*
  ```

- **Paramètre Unique** : S'il y a exactement un paramètre, les parenthèses () autour de celui-ci sont optionnelles (comme vu dans doubler ci-dessus). S'il y a zéro ou plusieurs paramètres, les parenthèses sont requises.

  ```
  const logMessage = () => console.log("Pas de paramètres ici !");
  logMessage(); // *Sortie : Pas de paramètres ici !*
  ```

- **Liaison Lexicale de** this : C'est sans doute la **différence la plus significative** au-delà de la syntaxe. Les fonctions fléchées n'ont **pas** leur propre contexte this. Au lieu de cela, elles *héritent* de la valeur this de leur portée environnante (lexicale) – le contexte où la fonction fléchée a été *définie*. Ce comportement contraste fortement avec les fonctions régulières, dont la valeur this dépend de *comment elles sont appelées* (comme brièvement abordé au Chapitre 7 et exploré davantage dans les discussions sur la portée).

Illustrons avec une méthode d'objet et `setTimeout` (un scénario courant où la liaison de `this` pose problème avec les fonctions régulières) :

```
const compteur = {
  compte: 0,
  delai: 1000,

  // *Méthode utilisant une fonction régulière dans setTimeout*
  demarrerRegulier: function() {
    console.log(`demarrerRegulier: Le compte initial est $
{this.compte}`); // *'this' est 'compteur'*
    setTimeout(function() {
      // *À l'intérieur de ce callback de fonction régulière, 'this'
N'EST PAS 'compteur'.*
      // *C'est souvent 'window' (dans les navigateurs) ou undefined
(mode strict).*
      console.log(`setTimeout (régulier): this.compte = $
{this.compte}`); // *Probablement undefined ou erreur*
      // this.compte++; // *Ceci échouerait ou modifierait le mauvais
objet*
    }, this.delai);
  },

  // *Méthode utilisant une fonction fléchée dans setTimeout*
  demarrerFleche: function() {
    console.log(`demarrerFleche: Le compte initial est ${this.compte}`);
// *'this' est 'compteur'*
    setTimeout(() => {
      // *La fonction fléchée hérite 'this' de la portée de
demarrerFleche*
      // *Donc, 'this' ici EST l'objet 'compteur'.*
      console.log(`setTimeout (flèche): this.compte = $
{this.compte}`); // *Accède correctement à 0*
      this.compte++; // *Ceci incrémente correctement compteur.compte*
      console.log(`setTimeout (flèche): compte incrémenté à $
{this.compte}`);
    }, this.delai);
  }
};

// compteur.demarrerRegulier();
// *La sortie pourrait montrer 'undefined' ou lever une erreur pour
this.compte dans le callback*
```

```
compteur.demarrerFleche();
// *Sortie :*
// demarrerFleche: Le compte initial est 0
// (après 1 seconde)
// setTimeout (flèche): this.compte = 0
// setTimeout (flèche): compte incrémenté à 1
```

Parce que les fonctions fléchées ne relient pas this, elles résolvent de nombreux problèmes courants précédemment traités avec des techniques comme .bind(this) ou en stockant this dans une autre variable (const self = this;). Les fonctions fléchées sont souvent le choix préféré pour les callbacks ou les méthodes où vous devez conserver le contexte this environnant.

Gabarits Littéraux (Backticks `)

Rappelez-vous la concaténation laborieuse de chaînes et de variables en utilisant l'opérateur + au Chapitre 2 ?

```
let ville = "Londres";
let pays = "RU";
let population = 9;
// *Ancienne manière :*
let descriptionAncienne = "La ville de " + ville + ", située au " + pays +
                          ", a une population de plus de " + population + "
millions.";
console.log(descriptionAncienne);
```

ES6 a introduit les **gabarits littéraux** (template literals, aussi appelés template strings), qui offrent une manière beaucoup plus propre et lisible de créer des chaînes, en particulier celles contenant des expressions intégrées ou plusieurs lignes. Vous créez des gabarits littéraux en utilisant des accents graves (backticks) (`) au lieu de guillemets simples (') ou doubles (").

- **Interpolation de Chaînes** : À l'intérieur d'un gabarit littéral, vous pouvez intégrer n'importe quelle expression JavaScript valide (comme des variables, des appels de fonction ou des opérations arithmétiques) directement dans la chaîne en l'enfermant dans ${expression}.

  ```
  let ville = "Tokyo";
  let pays = "Japon";
  let population = 37; // *en millions*
  ```

```
// *Utilisation des gabarits littéraux :*
let descriptionNouvelle =
   `La ville de ${ville}, située au ${pays}, a une population de plus de
${population} millions.`;
console.log(descriptionNouvelle);
// *Sortie : La ville de Tokyo, située au Japon, a une population de
plus de 37 millions.*

let prix = 10;
let tauxTaxe = 0.08;
let messageTotal = `Coût total : ${(prix * (1 + tauxTaxe)).toFixed(2)}
€`;
console.log(messageTotal); // *Sortie : Coût total : 10.80 €*
```

Cette interpolation rend la création de chaînes dynamiques beaucoup plus intuitive que la concaténation répétée.

- **Chaînes Multi-lignes** : Les gabarits littéraux respectent les sauts de ligne à l'intérieur des accents graves, vous permettant de créer facilement des chaînes multi-lignes sans avoir besoin de caractères spéciaux comme \n.

```
// *Ancienne manière pour les chaînes multi-lignes :*
let multiLigneAncien = "Ceci est la première ligne.\n" +
                       "Ceci est la seconde ligne.";

// *Utilisation des gabarits littéraux :*
let multiLigneNouveau = `Ceci est la première ligne.
```

Ceci est la seconde ligne. L'indentation est aussi préservée.`;

```
console.log(multiLigneNouveau);
/* Sortie :
Ceci est la première ligne.
Ceci est la seconde ligne.
    L'indentation est aussi préservée.
*/
```
```

Les gabarits littéraux améliorent considérablement la manipulation des chaînes en JavaScript.
```

Assignation par Décomposition (Arrays et Objets)

La décomposition est une syntaxe pratique pour extraire des valeurs de tableaux ou des propriétés d'objets et les assigner directement à des variables distinctes. Elle rend l'accès aux données imbriquées beaucoup plus propre.

Décomposition de Tableau

Vous pouvez déballer des valeurs d'un tableau dans des variables en utilisant une syntaxe qui reflète la création littérale de tableau.

```
const coordonnees = [10, 25, 50]; // *coordonnées x, y, z*

// *Ancienne manière :*
// const x = coordonnees[0];
// const y = coordonnees[1];
// const z = coordonnees[2];

// *Utilisation de la décomposition de tableau :*
const [x, y, z] = coordonnees;

console.log(`x: ${x}, y: ${y}, z: ${z}`); // *Sortie : x: 10, y: 25, z: 50*

// *Sauter des éléments en utilisant des virgules :*
const couleurRgb = [255, 128, 0];
const [rouge, , bleu] = couleurRgb; // *Sauter l'élément du milieu (vert)*
console.log(`Rouge : ${rouge}, Bleu : ${bleu}`); // *Sortie : Rouge : 255,
Bleu : 0*

// *Utilisation de l'opérateur Rest (...) pour collecter les éléments
restants :*
const scores = [95, 88, 76, 92, 81];
const [premierScore, secondScore, ...scoresRestants] = scores;
console.log(`Premier : ${premierScore}, Second : ${secondScore}`); // *Sortie :
Premier : 95, Second : 88*
console.log(`Restants : ${scoresRestants}`); // *Sortie : Restants : 76,92,81*
// *scoresRestants est un nouveau tableau : [ 76, 92, 81 ]*

// *Valeurs par défaut pour les éléments manquants :*
const reglages = ["sombre"];
const [theme = "clair", taillePolice = 12] = reglages;
console.log(`Thème : ${theme}, Taille Police : ${taillePolice}`); // *Sortie :
Thème : sombre, Taille Police : 12*
```

Décomposition d'Objet

De même, vous pouvez déballer des propriétés d'objets dans des variables en utilisant une syntaxe qui reflète la création littérale d'objet. Les noms de variables doivent correspondre aux clés de l'objet par défaut.

```
const utilisateur = {
  id: 42,
  nomAffichage: "Alice",
  email: "alice@example.com",
  typeCompte: "premium"
};

// *Ancienne manière :*
// const id = utilisateur.id;
// const nom = utilisateur.nomAffichage;
// const emailUtilisateur = utilisateur.email;

// *Utilisation de la décomposition d'objet :*
const { id, nomAffichage, email } = utilisateur; // *Les noms de variables
correspondent aux clés*

console.log(`ID : ${id}, Nom : ${nomAffichage}, Email : ${email}`);
// *Sortie : ID : 42, Nom : Alice, Email : alice@example.com*

// *Renommer les variables :* Utilisez la syntaxe 'cle: nouveauNom'
const { typeCompte: type, nomAffichage: nom } = utilisateur;
console.log(`Nom Utilisateur : ${nom}, Type Compte : ${type}`);
// *Sortie : Nom Utilisateur : Alice, Type Compte : premium*

// *Valeurs par défaut pour les propriétés manquantes :*
const config = { delai: 5000 };
const { delai = 1000, tentatives = 3 } = config;
console.log(`Délai : ${delai}, Tentatives : ${tentatives}`);
// *Sortie : Délai : 5000, Tentatives : 3*

// *Décomposition d'objets imbriqués :*
const produit = {
  pid: 'P123',
  details: { titre: 'Portable', prix: 1200 }
};
const { pid, details: { titre, prix } } = produit;
console.log(`ID Produit : ${pid}, Titre : ${titre}, Prix : ${prix}`);
// *Sortie : ID Produit : P123, Titre : Portable, Prix : 1200*
```

Cas d'Utilisation : Paramètres de Fonction

La décomposition est particulièrement utile pour gérer les objets d'options passés comme arguments aux fonctions.

```javascript
// *La fonction attend un objet avec 'url' et optionnellement 'methode',
'corps'*
function faireRequete({ url, methode = 'GET', corps = null }) {
  console.log(`Requête ${methode} vers ${url}`);
  if (corps) {
    console.log(`Avec corps : ${JSON.stringify(corps)}`);
  }
  // ... logique fetch ...
}

// *Appeler la fonction avec un objet - les propriétés sont décomposées*
faireRequete({ url: '/api/utilisateurs' });
// *Sortie : Requête GET vers /api/utilisateurs*

faireRequete({
  url: '/api/publications',
  methode: 'POST',
  corps: { titre: 'Nouveau Post' }
});
// *Sortie :*
// Requête POST vers /api/publications
// Avec corps : {"titre":"Nouveau Post"}
```

Cela rend les signatures de fonction plus propres et clarifie les propriétés d'objet attendues.

Opérateurs Spread (. . .) et Rest (. . .)

La syntaxe des trois points (...) sert deux objectifs liés mais distincts, selon le contexte : les **paramètres rest** et la **syntaxe spread**.

Paramètres Rest

Lorsqu'il est utilisé comme *dernier* paramètre dans une définition de fonction, ... rassemble tous les arguments restants passés à la fonction dans un **tableau** approprié. Cela fournit une alternative moderne à l'ancien objet `arguments`, semblable à un tableau.

```
// *Utilisation des paramètres rest pour sommer des nombres*
function sommerTout(...nombres) {
  // 'nombres' est un vrai tableau contenant tous les arguments passés
  console.log("Arguments reçus :", nombres);
  let total = 0;
  for (const nb of nombres) { // *Peut utiliser des méthodes de tableau comme
for...of*
    total += nb;
  }
  return total;
}

console.log(sommerTout(1, 2, 3));
// *Sortie : Arguments reçus : [ 1, 2, 3 ]*
// *Sortie : 6*

console.log(sommerTout(10, 20, 30, 40, 50));
// *Sortie : Arguments reçus : [ 10, 20, 30, 40, 50 ]*
// *Sortie : 150*

console.log(sommerTout());
// *Sortie : Arguments reçus : []*
// *Sortie : 0*
```

Les paramètres rest sont plus clairs et fournissent un vrai tableau, rendant la gestion des arguments plus simple que l'objet `arguments` hérité.

Syntaxe Spread

Lorsqu'elle est utilisée *en dehors* des définitions de paramètres de fonction, ... agit comme la **syntaxe spread**. Elle *étend* un itérable (comme un tableau ou une chaîne) ou les propriétés d'un objet en éléments individuels ou en paires clé-valeur.

1. Spread dans les Appels de Fonction : Étend un tableau en arguments individuels.

```
const nombres = [1, 5, 2];
// *Équivalent à Math.max(1, 5, 2)*
const valMax = Math.max(...nombres);
console.log(`Valeur max : ${valMax}`); // *Sortie : Valeur max : 5*
```

2. Spread dans les Littéraux de Tableau : Crée de nouveaux tableaux en combinant des tableaux existants ou en ajoutant des éléments.

```
const tab1 = ['a', 'b'];
```

```
const tab2 = ['c', 'd'];

// *Combiner les tableaux :*
const combine = [...tab1, ...tab2, 'e'];
console.log(combine); // *Sortie : [ 'a', 'b', 'c', 'd', 'e' ]*

// *Créer une copie superficielle :*
const copieTab1 = [...tab1];
console.log(copieTab1); // *Sortie : [ 'a', 'b' ]*
console.log(copieTab1 === tab1); // *Sortie : false (c'est un nouveau tableau)*
```

3. **Spread dans les Littéraux d'Objet** : Crée de nouveaux objets en copiant les propriétés d'objets existants (copie superficielle) ou en fusionnant des objets. Les propriétés listées plus tard écrasent les précédentes avec la même clé.

```
const defauts = { theme: 'clair', taillePolice: 12 };
const parametresUtilisateur = { theme: 'sombre', afficherBarreOutils: true };

// *Fusionner les objets (parametresUtilisateur.theme écrase defauts.theme)*
const parametresFinaux = { ...defauts, ...parametresUtilisateur, taillePolice:
14 };

console.log(parametresFinaux);
// *Sortie : { theme: 'sombre', taillePolice: 14, afficherBarreOutils: true }*

// *Créer une copie superficielle :*
const copieDefauts = { ...defauts };
console.log(copieDefauts); // *Sortie : { theme: 'clair', taillePolice: 12 }*
console.log(copieDefauts === defauts); // *Sortie : false (nouvel objet)*
```

La syntaxe spread est incroyablement polyvalente pour travailler avec des tableaux et des objets de manière non destructive (en créant de nouveaux au lieu de modifier les originaux).

Littéraux d'Objet Améliorés

ES6 a introduit plusieurs syntaxes abrégées pour définir les littéraux d'objet, les rendant plus concis.

- **Noms de Propriété Abrégés** : Si le nom de la variable contenant la valeur est le même que la clé d'objet souhaitée, vous pouvez omettre les deux points et la valeur.

```
let nom = "Widget";
let prix = 99.99;

// *Ancienne manière :*
// const articleAncien = { nom: nom, prix: prix };

// *Noms de propriété abrégés :*
const articleNouveau = { nom, prix };
console.log(articleNouveau); // *Sortie : { nom: 'Widget', prix:
99.99 }*
```

- **Noms de Méthode Abrégés** : Vous pouvez omettre le mot-clé `function` et les deux points lors de la définition de méthodes à l'intérieur d'un littéral d'objet.

```
// *Ancienne manière :*
// const calculatriceAncienne = {
//    ajouter: function(a, b) { return a + b; },
//    soustraire: function(a, b) { return a - b; }
// };

// *Noms de méthode abrégés :*
const calculatriceNouvelle = {
  ajouter(a, b) { return a + b; },
  soustraire(a, b) { return a - b; }
};
console.log(calculatriceNouvelle.ajouter(10, 5)); // *Sortie : 15*
```

- **Noms de Propriété Calculés** : Permet d'utiliser une expression (évaluée en chaîne) comme clé de propriété directement dans le littéral d'objet en utilisant des crochets `[]`.

```
let prefixeProp = "utilisateur";
let compte = 1;

const objetDynamique = {
  id: 123,
  [prefixeProp + "Id"]: "usr_abc", // *La clé devient "utilisateurId"*
  ["role" + compte]: "admin"       // *La clé devient "role1"*
};
console.log(objetDynamique);
// *Sortie : { id: 123, utilisateurId: 'usr_abc', role1: 'admin' }*
```

Ces améliorations rendent les définitions littérales d'objet moins verbeuses et plus flexibles.

Introduction aux Classes

Alors que le modèle d'héritage de JavaScript est fondamentalement basé sur les prototypes (un sujet plus avancé), ES6 a introduit la syntaxe `class` comme **sucre syntaxique** par-dessus cet héritage basé sur les prototypes existant. Les classes fournissent une syntaxe plus propre et plus familière (en particulier pour les développeurs venant de langages basés sur les classes comme Java ou C++) pour créer des plans d'objets et gérer l'héritage.

Une définition de classe de base comprend :

- **Mot-clé** `class` : Suivi du nom de la classe (typiquement en PascalCase, par ex., `MaClasse`).
- **Méthode** `constructor()` : Une méthode spéciale pour créer et initialiser les objets créés avec la classe. Elle est appelée automatiquement lorsque vous utilisez le mot-clé `new`.
- **Autres méthodes** : Définissent les comportements associés aux objets créés à partir de la classe.

```
class Produit {
  // *Constructeur : Initialise les nouveaux objets Produit*
  constructor(id, nom, prix) {
    console.log(`Création du produit ${id}...`);
    this.id = id; // *'this' fait référence au nouvel objet en cours de
création*
    this.nom = nom;
    this.prix = prix;
    this.stock = 0; // *Valeur par défaut*
  }

  // *Méthode pour afficher les infos du produit*
  afficherInfos() {
    console.log(`Produit : ${this.nom} (ID : ${this.id}), Prix : ${this.prix} €,
Stock : ${this.stock}`);
  }

  // *Méthode pour ajouter du stock*
  ajouterStock(quantite) {
    if (quantite > 0) {
      this.stock += quantite;
      console.log(`Ajouté ${quantite} stock pour ${this.nom}. Nouveau stock : $
{this.stock}`);
    }
  }
```

```
}

// *Créer des instances (objets) de la classe Produit en utilisant 'new'*
const portable = new Produit('P001', 'Portable Pro', 1500);
const clavier = new Produit('P002', 'Clavier Mécanique', 150);

// *Appeler des méthodes sur les instances*
portable.ajouterStock(10);
clavier.ajouterStock(25);

portable.afficherInfos();
clavier.afficherInfos();

// *Sortie :*
// Création du produit P001...
// Création du produit P002...
// Ajouté 10 stock pour Portable Pro. Nouveau stock : 10
// Ajouté 25 stock pour Clavier Mécanique. Nouveau stock : 25
// Produit : Portable Pro (ID : P001), Prix : 1500 €, Stock : 10
// Produit : Clavier Mécanique (ID : P002), Prix : 150 €, Stock : 25
```

Les classes prennent également en charge l'héritage en utilisant les mots-clés extends et super(), vous permettant de créer des classes spécialisées basées sur des classes plus générales, mais c'est un sujet pour une étude plus avancée. Pour l'instant, comprenez que la syntaxe class fournit une manière structurée de définir des plans pour les objets, encapsulant leurs données (propriétés définies dans le constructeur) et leur comportement (méthodes).

Résumé du Chapitre

Ce chapitre a mis en évidence plusieurs fonctionnalités puissantes et pratiques introduites dans le JavaScript moderne (ES6 et versions ultérieures) qui améliorent considérablement l'expérience de développement. Nous avons exploré les **fonctions fléchées** (=>) pour leur syntaxe concise et leur liaison lexicale cruciale de this. Nous avons découvert les **gabarits littéraux** (`)** pour une interpolation de chaînes et des chaînes multi-lignes plus faciles. L'**assignation par décomposition** pour les tableaux et les objets a été introduite comme un moyen propre d'extraire des valeurs dans des variables. La syntaxe polyvalente ... a été expliquée dans ses doubles rôles de **paramètres rest** (rassemblant les arguments de fonction) et de **syntaxe spread** (étendant les itérables et les propriétés d'objet). Nous avons également couvert les raccourcis des **littéraux d'objet améliorés** pour les pro-

priétés et les méthodes, et enfin, avons eu une introduction à la **syntaxe `class` comme une manière plus propre de définir des plans d'objets.

Ces fonctionnalités modernes rendent le code JavaScript plus lisible, moins verbeux et souvent moins sujet à certains types d'erreurs. Alors que vous continuez votre parcours JavaScript, adopter ces fonctionnalités rendra votre code plus efficace et l'alignera sur les pratiques de développement contemporaines. Bien que nous ayons couvert le langage de base et de nombreuses améliorations modernes, l'écosystème JavaScript est vaste. Dans le prochain chapitre, nous discuterons brièvement du rôle des **Bibliothèques et Frameworks** comme React, Angular et Vue, qui s'appuient sur le JavaScript de base pour fournir des outils et des structures spécialisés pour construire des interfaces utilisateur et des applications complexes.

19

Bibliothèques et Frameworks

Félicitations ! Vous avez parcouru le paysage essentiel du JavaScript moderne. Vous avez appris à travailler avec des variables, à contrôler le flux du programme avec des conditions et des boucles, à organiser les données avec des tableaux et des objets, à écrire du code réutilisable avec des fonctions, à gérer les opérations asynchrones comme la récupération de données, à interagir avec les pages web via le DOM, à organiser le code avec des modules, et même à gérer les erreurs gracieusement. Avec les connaissances des Chapitres 1 à 18, vous avez absolument acquis les compétences fondamentales nécessaires pour construire des sites web et des applications web interactifs à partir de zéro.

Cependant, en commençant à construire des projets plus complexes, vous pourriez remarquer des motifs ou des défis récurrents. Des tâches comme la gestion de l'état des composants de l'interface utilisateur, la gestion du routage entre différentes "pages" dans une application monopage, ou la mise à jour efficace du DOM en réponse aux changements de données peuvent impliquer l'écriture d'une quantité significative de code complexe. Bien que vous *puissiez* tout construire en utilisant uniquement les fonctionnalités JavaScript de base dont nous avons discuté, la communauté des développeurs a créé des outils puissants – bibliothèques et frameworks – pour rationaliser ces tâches courantes, promouvoir une meilleure organisation du code et accélérer le processus de développement. Pensez-y comme à la construction d'une maison : vous pourriez tout construire en utilisant uniquement des outils manuels de base (JavaScript de base), mais l'utilisation d'outils électriques ou de composants préfabriqués (bibliothèques et frameworks) peut rendre le travail beaucoup plus rapide et aboutit souvent à une structure plus robuste. Ce chapitre offre un aperçu de cette "vue d'ensemble", en vous présentant les concepts de bibliothèques et de frameworks.

Que sont les Bibliothèques et les Frameworks ?

Bien que souvent mentionnés ensemble, les bibliothèques et les frameworks représentent des approches différentes pour exploiter le code réutilisable.

Bibliothèques (Libraries)

Une **bibliothèque** est essentiellement une collection de code pré-écrit (fonctions, classes, objets) conçue pour effectuer des tâches spécifiques. Vous, le développeur, êtes aux commandes. Vous décidez *quand* et *où* appeler les fonctions ou utiliser les composants fournis par la bibliothèque pour atteindre un résultat particulier.

Imaginez une boîte à outils spécialisée. Si vous avez besoin de serrer un boulon, vous piochez dans la boîte à outils, sélectionnez une clé (la fonction de la bibliothèque) et l'utilisez sur le boulon (vos données ou votre tâche). Vous choisissez l'outil pour le travail.

Exemples de tâches que les bibliothèques pourraient aider à accomplir :

- Faire des requêtes HTTP complexes (bien que `fetch` soit maintenant assez capable).
- Manipuler les dates et heures (comme les populaires `date-fns` ou l'ancien `Moment.js`).
- Ajouter des animations ou des effets visuels.
- Créer des graphiques ou des diagrammes interactifs.
- Simplifier certaines manipulations du DOM (comme le classique `jQuery`, bien que moins essentiel aujourd'hui avec les API DOM modernes).

Vous intégrez le code de la bibliothèque dans votre projet et faites appel à ses fonctions spécifiques selon vos besoins pour résoudre des problèmes particuliers dans le flux de votre application.

Frameworks

Un **framework**, en revanche, fournit une structure ou un squelette plus complet pour votre application. Il dicte souvent comment votre application doit être organisée et définit le flux général d'exécution. Au lieu que ce soit vous qui appeliez le code de la bibliothèque quand vous le souhaitez, c'est généralement le framework qui appelle *votre* code à des points spécifiques de son cycle de vie. Ce concept est connu sous le nom d'**Inversion de Contrôle (IoC)** – le framework est responsable du flux, et vous branchez votre logique personnalisée aux endroits désignés.

Pensez à un framework comme à un plan de maison détaillé ou même à une ossature de maison préfabriquée. La structure globale est déjà définie. Vous ne décidez pas où vont les murs porteurs principaux ; vous vous concentrez sur le remplissage des détails – peindre les murs, installer les équipements, ajouter des meubles (écrire la logique et les composants spécifiques de votre application) – selon la structure établie. Le plan (framework) dicte où vos contributions s'insèrent.

Les frameworks fournissent souvent des solutions pour des aspects plus larges du développement d'applications, tels que :

- **Modèle de Composant** : Définition de pièces d'interface utilisateur réutilisables.
- **Routage** : Gestion de la navigation entre différentes vues ou pages au sein de l'application.
- **Gestion d'État** : Traitement et synchronisation des données de l'application.
- **Liaison de Données (Data Binding)** : Mise à jour automatique de l'interface utilisateur lorsque les données changent (et vice-versa).

La distinction clé : **Vous appelez les fonctions d'une bibliothèque ; un framework appelle votre code.** Les frameworks sont généralement plus opinionnés sur la façon dont vous devriez construire votre application, offrant un système complet, tandis que les bibliothèques offrent des outils spécifiques à utiliser comme bon vous semble.

Pourquoi les Utiliser ?

L'utilisation de bibliothèques et, en particulier, de frameworks offre des avantages significatifs, surtout pour les applications plus grandes ou plus complexes :

- **Efficacité et Vitesse** : C'est un moteur majeur. Ils fournissent des solutions pré-construites pour des problèmes courants, vous faisant économiser d'innombrables heures de développement par rapport à tout écrire à partir de zéro.

Vous n'avez pas besoin de réinventer le routage, la gestion d'état complexe ou les mises à jour DOM optimisées.

- **Structure et Organisation** : Les frameworks imposent une manière particulière d'organiser les fichiers et le code. Cette standardisation rend les projets plus faciles à comprendre, à naviguer et à maintenir, en particulier lorsque l'on travaille en équipe. Tout le monde sait où trouver les différentes parties de la logique applicative.

- **Meilleures Pratiques et Optimisation** : Les bibliothèques et frameworks populaires sont souvent développés et maintenus par des ingénieurs expérimentés. Ils intègrent généralement des algorithmes optimisés, des modèles de performance (comme le diffing du DOM virtuel pour des mises à jour UI efficaces), des considérations d'accessibilité et des meilleures pratiques de sécurité qu'il pourrait être difficile ou long à implémenter correctement soi-même.

- **Abstraction** : Ils cachent souvent des détails complexes de bas niveau. Par exemple, au lieu de manipuler manuellement les éléments du DOM (Chapitre 10) pour mettre à jour une liste lorsque les données changent, un framework pourrait vous permettre de simplement mettre à jour le tableau de données sous-jacent, et il gère automatiquement les mises à jour DOM nécessaires via la liaison de données.

- **Communauté et Écosystème** : Les bibliothèques et frameworks largement utilisés ont de vastes communautés. Cela se traduit par une abondance de tutoriels, d'articles, de cours, de composants tiers pré-construits, d'extensions, d'outils de développement dédiés et de forums où vous pouvez trouver de l'aide lorsque vous êtes bloqué.

Bien qu'il y ait une courbe d'apprentissage associée à toute bibliothèque ou framework, les avantages à long terme en termes de productivité et de maintenabilité pour les projets non triviaux l'emportent souvent sur l'investissement initial.

Exemples Front-End Populaires

Le paysage front-end (construction d'interfaces utilisateur pour les navigateurs web) est l'endroit où vous rencontrerez le plus souvent des bibliothèques et frameworks JavaScript. Leur objectif principal est de simplifier la création d'interfaces utilisateur complexes, interactives et basées sur les données. Voici quelques-uns des acteurs les plus populaires (au moment de la rédaction – ce domaine évolue !) :

- **React** : Développé et maintenu par Meta (Facebook). Techniquement, React lui-même est une *bibliothèque* axée sur la construction d'interfaces utilisateur à l'aide d'une approche **basée sur les composants**. Vous créez des composants UI réutilisables (comme des boutons, des formulaires, des cartes) et les composez pour construire des interfaces complexes. Il utilise JSX, une extension de syntaxe de type HTML pour JavaScript, pour définir la structure des composants. Bien que React soit une bibliothèque, il forme le cœur d'un vaste écosystème d'outils et de bibliothèques compagnons (pour le routage, la gestion d'état comme Redux ou Zustand) qui fonctionnent ensemble un peu comme un framework. Il est connu pour ses performances (utilisant un DOM Virtuel) et sa flexibilité.

- **Angular** : Développé et maintenu par Google. Angular est un **framework** complet qui fournit une solution opinionnée et de bout en bout pour construire des applications à grande échelle. Il utilise TypeScript (un sur-ensemble de JavaScript qui ajoute un typage statique) et inclut des solutions intégrées pour la gestion des composants, le routage, la gestion d'état, les requêtes HTTP, la gestion des formulaires, et plus encore. Sa structure est bien définie, ce qui le rend adapté aux grandes équipes et aux applications d'entreprise.

- **Vue.js** : Souvent décrit comme un **framework progressif**. Cela signifie que vous pouvez l'adopter de manière incrémentielle – l'utiliser comme une simple bibliothèque pour des parties spécifiques d'une page ou exploiter toutes ses capacités pour construire des applications monopages complexes. Vue est connu pour sa courbe d'apprentissage douce, son excellente documentation et ses performances. Il fournit des fonctionnalités comme un système de composants, le routage et la gestion d'état (Pinia/Vuex).

- **Svelte** : Adopte une approche différente. Au lieu d'effectuer un travail important dans le navigateur à l'exécution (comme gérer un DOM Virtuel), Svelte est un **compilateur**. Il compile votre code de composant en code JavaScript vanille impératif, hautement optimisé et petit, pendant le processus de construction. Cela peut conduire à des applications très rapides avec une surcharge minimale du framework dans le navigateur.

Lequel devriez-vous apprendre ? Il n'y a pas de bonne réponse unique. Cela dépend des exigences du projet, des préférences de l'équipe et des demandes du marché du travail dans votre région. La conclusion la plus cruciale est que **maîtriser le JavaScript de base (tout ce qui est couvert dans ce livre) est le prérequis essentiel pour apprendre et utiliser efficacement** *n'importe lequel* **de ces outils**. Ils reposent tous fondamentalement sur les concepts JavaScript que vous connaissez maintenant.

Un Aperçu du Côté Serveur

Comme nous l'avons mentionné pour la première fois au Chapitre 1, JavaScript n'est pas confiné au navigateur. Grâce à l'environnement d'exécution **Node.js**, vous pouvez exécuter du code JavaScript directement sur des serveurs ou votre machine locale.

Node.js permet aux développeurs de :

- Construire des **serveurs web** et des **API** (comme les API REST que nous avons appris à consommer au Chapitre 17). Vous pouvez créer la logique back-end qui gère les requêtes, interagit avec les bases de données et renvoie des réponses au client (navigateur ou application mobile).
- Créer des outils en ligne de commande.
- Développer des applications en temps réel (comme des applications de chat) en utilisant des technologies comme les WebSockets.
- Automatiser les processus de build et les tâches de développement (souvent utilisé intensivement dans les flux de travail de développement front-end, même si le code final s'exécute dans le navigateur).

Tout comme le front-end, l'écosystème Node.js a son propre ensemble de frameworks populaires conçus pour simplifier le développement côté serveur, tels que :

- **Express.js** : Un framework d'application web minimaliste et flexible, très largement utilisé.
- **Koa.js** : Créé par l'équipe derrière Express, visant une approche plus moderne utilisant les fonctionnalités async/await.
- **NestJS** : Un framework plus opinionné (utilisant TypeScript) pour construire des applications côté serveur efficaces et évolutives, s'inspirant souvent de la structure d'Angular.

La capacité d'utiliser JavaScript à la fois sur le front-end (navigateur) et le back-end (serveur via Node.js) est connue sous le nom de **développement JavaScript full-stack**, permettant aux développeurs ou aux équipes de travailler avec un seul langage sur toute la pile applicative.

Ce n'est que le Début

Les bibliothèques et les frameworks sont des outils puissants qui s'appuient sur la base solide de JavaScript que vous avez construite tout au long de ce livre. Ils représentent différentes philosophies et fournissent divers niveaux de structure et d'assistance pour la construction d'applications. Choisir lesquels apprendre et utiliser dépendra de vos objectifs spécifiques et de vos projets.

Ne vous sentez pas obligé de tous les apprendre en même temps. L'étape la plus importante que vous avez déjà franchie est l'apprentissage de JavaScript lui-même. Cette connaissance est transférable et forme le socle sur lequel tous ces outils spécialisés sont construits. Comprendre fondamentalement comment fonctionne JavaScript rendra l'apprentissage de n'importe quelle bibliothèque ou framework beaucoup plus facile.

Résumé du Chapitre

Dans ce chapitre, nous avons regardé au-delà du JavaScript de base vers l'écosystème plus large d'outils conçus pour rendre le développement plus efficace et évolutif. Nous avons clarifié la distinction entre les **bibliothèques** (boîtes à outils que vous appelez) et les **frameworks** (plans qui appellent votre code), en soulignant le concept d'Inversion de Contrôle dans les frameworks. Nous avons discuté des avantages clés de l'utilisation de ces outils, y compris une efficacité améliorée, une structure, le respect des meilleures pratiques et l'exploitation du soutien communautaire. Nous avons brièvement présenté certaines des options **front-end** les plus populaires comme **React**, **Angular** et **Vue**, en soulignant leur rôle dans la construction d'interfaces utilisateur. Nous avons également revisité **Node.js** comme la plateforme permettant à JavaScript de fonctionner côté **serveur**, autorisant le développement full-stack. Nous avons souligné que la maîtrise du JavaScript de base est le fondement essentiel requis avant de plonger profondément dans une bibliothèque ou un framework spécifique.

Vous avez maintenant vu le langage de base, comment il interagit avec le navigateur, comment il gère les tâches asynchrones, comment l'organiser, et le paysage des outils construits dessus. Vous avez une carte complète du monde JavaScript. L'étape finale de ce voyage initial est de consolider votre compréhension et de gagner en confiance par la pratique. Dans le prochain, et dernier, chapitre, nous discuterons des prochaines étapes pratiques, suggérerons des idées de projets, vous indiquerons des ressources précieuses et vous encouragerons sur votre chemin d'apprentissage continu.

20

Prochaines Étapes

Vous avez atteint la fin de ce parcours particulier à travers le monde du JavaScript moderne. De la question initiale "Qu'est-ce que JavaScript ?" au Chapitre 1 à la compréhension du paysage des bibliothèques et frameworks au Chapitre 19, vous avez couvert une quantité considérable de terrain. L'objectif de ce livre était de fournir un guide étape par étape pour les débutants, construisant vos connaissances couche par couche. Maintenant, équipé de ces concepts fondamentaux, vous êtes prêt à vraiment commencer à construire, expérimenter et approfondir votre expertise. Ce dernier chapitre n'est pas une fin, mais plutôt un panneau indicateur pointant vers les routes passionnantes qui vous attendent dans votre parcours de programmation continu.

Récapitulatif : Ce Que Vous Avez Appris

Prenez un moment pour réfléchir au voyage. Vous avez commencé par rencontrer JavaScript (Chapitre 1) et comprendre son rôle. Vous avez ensuite maîtrisé les blocs de construction fondamentaux : variables, types de données, commentaires (Chapitre 2), et les opérateurs nécessaires pour les manipuler (Chapitre 3). Vous avez appris à contrôler le flux de vos programmes avec des instructions conditionnelles (Chapitre 4) et à automatiser la répétition avec des boucles (Chapitre 5).

Ensuite, vous vous êtes attaqué à l'organisation des données, d'abord avec des listes ordonnées utilisant les Tableaux (Chapitre 6) puis avec des paires clé-valeur structurées utilisant les Objets (Chapitre 7). Vous avez découvert la puissance des blocs de code réutilisables grâce aux Fonctions (Chapitre 8) et démystifié les concepts cruciaux de Portée et de Hissage (Chapitre 9).

Une fois le langage de base couvert, vous êtes passé à l'environnement du navigateur, apprenant à interagir avec les pages web via le Modèle Objet du Document (DOM) (Chapitre 10) et à répondre aux interactions utilisateur avec les Événements (Chapitre 11). Vous avez ensuite affronté le monde de la programmation asynchrone, comprenant les Callbacks (Chapitre 12), la structure améliorée des Promesses (Chapitre 13), et la syntaxe propre de `async/await` (Chapitre 14). Vous avez appris à gérer l'inattendu avec élégance grâce aux techniques de Gestion des Erreurs (Chapitre 15) et à organiser votre base de code grandissante en utilisant les Modules (Chapitre 16).

Vous vous êtes aventuré dans la communication avec les serveurs en travaillant avec les API et la commande `fetch` (Chapitre 17), exploré des fonctionnalités JavaScript modernes pratiques comme les fonctions fléchées et la décomposition (Chapitre 18), et enfin obtenu un aperçu de l'écosystème plus large des Bibliothèques et Frameworks (Chapitre 19).

Vous avez construit une compréhension complète des fondamentaux du JavaScript moderne.

Pratiquez, Pratiquez, Pratiquez !

Lire sur les concepts de programmation est une chose ; les internaliser véritablement nécessite un **codage actif**. La connaissance se solidifie lorsque vous l'appliquez pour résoudre des problèmes et construire des choses. Plus vous codez, plus vous deviendrez fluide, et plus ces concepts vous sembleront intuitifs. N'ayez pas peur d'expérimenter, de faire des erreurs et d'apprendre d'elles – c'est une partie naturelle et essentielle du processus.

Voici quelques idées de projets que vous pouvez aborder en utilisant les compétences que vous avez acquises. Commencez simple et augmentez progressivement la complexité :

- **Liste de Tâches Interactive** : C'est un projet classique pour débutant pour une bonne raison. Vous pratiquerez la manipulation du DOM (ajouter, supprimer, marquer des éléments comme terminés), la gestion des événements (clics de bouton, peut-être changements de champ de saisie), et peut-être même le stockage temporaire des données de la liste (bien que le stockage persistant soit une étape supplémentaire).

- **Jeu de Quiz Simple** : Créez un quiz à choix multiples. Vous devrez structurer vos questions (peut-être en utilisant des tableaux d'objets), gérer les sélections utilisateur (boutons radio ou boutons), vérifier les réponses, tenir le score et afficher les résultats – tout cela impliquant la manipulation du DOM et la gestion des événements.
- **Application Météo (utilisant une API publique)** : Trouvez une API météo gratuite en ligne. Utilisez `fetch` (Chapitre 17) pour obtenir les données météo d'une ville saisie par l'utilisateur. Vous pratiquerez le JavaScript asynchrone, la gestion des réponses JSON et la mise à jour du DOM pour afficher les informations récupérées (température, conditions, etc.). La gestion des erreurs pour les requêtes API échouées est également importante ici.
- **Carrousel/Slider d'Images Basique** : Créez un simple visualiseur d'images avec des boutons "Suivant" et "Précédent". Cela implique de gérer un tableau de sources d'images, de gérer les clics sur les boutons et de mettre à jour l'attribut `src` d'une balise `<img>`.
- **Calculateur de Pourboire** : Une application simple impliquant des champs de saisie pour le montant de l'addition et le pourcentage de pourboire souhaité, un bouton pour calculer, et l'affichage du montant du pourboire et de l'addition totale. Cela renforce la gestion des entrées utilisateur, les calculs de base et la mise à jour du DOM.

Choisissez un projet qui vous intéresse, décomposez-le en petites étapes gérables, et commencez à coder. Ne visez pas la perfection au début ; visez à le faire fonctionner, puis refactorisez et améliorez.

Ressources Essentielles

En continuant à apprendre et à construire, vous rencontrerez inévitablement des questions ou aurez besoin de rechercher des détails spécifiques. Savoir où trouver des informations fiables est crucial.

- **MDN Web Docs (Mozilla Developer Network)** : Ceci devrait être votre ressource principale. Maintenu par Mozilla et la communauté, MDN fournit une documentation complète, précise et à jour sur JavaScript, HTML, CSS, les API Web, et plus encore. Il comprend des explications détaillées, des exemples interactifs et des informations sur la compatibilité des navigateurs. Faites de MDN votre premier arrêt lorsque vous recherchez des fonctionnalités du langage ou des API de navigateur.
- **Communautés de Développeurs en Ligne** : Des plateformes comme Stack Overflow, Dev.to, et d'autres hébergent de vastes communautés où les

développeurs posent et répondent à des questions. Rechercher sur ces sites (en utilisant des messages d'erreur spécifiques ou des mots-clés) peut souvent fournir des solutions à des problèmes que d'autres ont déjà rencontrés. N'oubliez pas de chercher attentivement avant de poser une nouvelle question, et lorsque vous posez une question, fournissez des exemples de code clairs et concis et décrivez le problème avec précision. Lire comment d'autres résolvent des problèmes est aussi un excellent moyen d'apprendre.

- **Spécification JavaScript (ECMAScript)** : Pour une plongée vraiment profonde, la spécification officielle ECMAScript définit le langage lui-même. Elle est très technique et dense, pas typiquement une lecture pour débutant, mais c'est la source ultime de vérité pour le comportement du langage.

La recherche efficace est une compétence en soi. Apprenez à formuler des requêtes de recherche spécifiques en utilisant des mots-clés, des messages d'erreur et les concepts impliqués.

Continuez à Apprendre : Sujets Avancés

Les sujets abordés dans ce livre forment la base, mais le monde de JavaScript est vaste. À mesure que vous gagnez en confiance, voici quelques domaines que vous pourriez explorer ensuite :

- **Plongée Plus Profonde dans les Fonctions** : Closures, fonctions d'ordre supérieur, modèles de programmation fonctionnelle (`map`, `filter`, `reduce`).
- **Programmation Orientée Objet** : Prototypes, modèles d'héritage, fonctionnalités de classe avancées.
- **Modèles Asynchrones** : Utilisation avancée des Promesses, générateurs, itérateurs asynchrones.
- **Tests** : Écriture de tests automatisés (tests unitaires, tests d'intégration) en utilisant des frameworks comme Jest, Mocha, ou Vitest pour garantir que votre code fonctionne correctement.
- **Outils de Build & Flux de Développement** : Des outils comme Vite, Webpack, Parcel, et des gestionnaires de paquets comme npm ou yarn, qui automatisent des tâches comme le regroupement de modules, la transpilation de code moderne pour les anciens navigateurs, et la gestion des dépendances de projet.
- **TypeScript** : Un sur-ensemble populaire de JavaScript qui ajoute un typage statique, aidant à attraper les erreurs pendant le développement, en particulier dans les grands projets.

- **Plongées Profondes dans les Frameworks** : Choisissez l'un des frameworks mentionnés au Chapitre 19 (React, Vue, Angular, Svelte) et consacrez du temps à apprendre ses concepts spécifiques et son écosystème.
- **Développement Node.js** : Explorez le JavaScript côté serveur, la construction d'API, l'interaction avec les bases de données, et la compréhension de l'environnement Node.js.
- **Performance & Optimisation Web** : Techniques pour rendre vos applications web plus rapides à charger et plus fluides à exécuter.
- **Sécurité Web** : Comprendre les vulnérabilités courantes (comme XSS, CSRF) et comment écrire du code sécurisé.

Ne vous sentez pas submergé par cette liste ! Choisissez les domaines qui vous intéressent ou qui sont pertinents pour les projets que vous souhaitez construire, et apprenez-les de manière incrémentielle.

Résumé du Chapitre

Ce chapitre de conclusion a servi de réflexion sur les connaissances que vous avez acquises tout au long de ce livre, résumant les étapes clés de la syntaxe de base à la programmation asynchrone et aux modules. L'importance critique de la **pratique** a été soulignée, ainsi que des **idées de projets** concrets pour aider à solidifier vos compétences. Nous avons mis en évidence des **ressources essentielles**, en particulier **MDN Web Docs**, pour l'apprentissage continu et la référence. Nous avons également fourni un aperçu des **sujets plus avancés** que vous pourriez explorer alors que votre voyage se poursuit. La programmation, en particulier avec un langage dynamique comme JavaScript dans un écosystème en constante évolution, est un voyage d'apprentissage continu.